DEVIDO PROCESSO LEGAL

Roberto Rosas

DEVIDO PROCESSO LEGAL

G|Z EDITORA
Rio de Janeiro
2018

1ª edição - 2018

Presidente do Conselho Editorial
Nelson Nery Costa

Diagramação
Olga Martins

CIP – Brasil. Catalogação-na-fonte.
Sindicato Nacional dos Editores de Livros, RJ.

R714d

Rosas, Roberto

Devido processo legal / Roberto Rosas. - 1. ed. - Rio de Janeiro: LMJ Mundo Jurídico, 2018.

180 p.; 24 cm.
Inclui índice
ISBN 978-85-9524-040-7

1. Devido processo legal - Brasil. 2. Direito constitucional - Brasil. I. Título.

18-50413

CDU: 342(81)

GZ EDITORA

e-mail: contato@editoragz.com.br
www.editoragz.com.br
Av. Erasmo Braga, 299 – sala 202 – 2º andar
Centro – Rio de Janeiro – RJ – CEP 20010-170
Tels.: (0XX21) 2240-1406 / 2240-1416 – Fax: (0XX21) 2240-1511

Impresso no Brasil
Printed in Brazil

Todos se acham sob a proteção das leis, que, para os acusados, assenta na faculdade absoluta de combaterem a acusação, articularem a defesa, e exigirem a fidelidade à ordem processual.

Ruy Barbosa – O Dever dos Advogados (1911)

39 – Nenhum homem livre será detido ou aprisionado, ou privado de seus direitos ou bens, ou declarado fora da lei, ou exilado, ou despojado, de algum modo, de sua condição; nem procederemos com força contra ele, ou mandaremos outros fazê-lo, a não ser mediante o legítimo julgamento de seus iguais e de acordo com a lei da terra.

Magna Carta de João Sem-Terra (1215)

SUMÁRIO

1

PRINCÍPIOS GERAIS

A aplicação da lei exaure-se na interpretação do juiz. Ela tem transitado desde a interpretação literal, fundada em princípios da Revolução Francesa, a interpretação teleológica, na busca do ideal do legislador, na busca dos seus objetivos, e até a interpretação integrativa, para o conjunto de normas e regras aplicáveis ao caso concreto.

O subjetivismo está sendo superado pela doutrina, em excelentes trabalhos, e pela jurisprudência na fixação de critérios. Fatalmente nos socorrerá Robert Alexy, na primazia da norma, segundo conflito entre elas, com a chamada relação de precedência condicionada (Teoria de los derechos fundamentales, p. 92).

Há, em tudo, a necessidade da preservação da segurança jurídica, com estabilidade para o cidadão, seja parte ou não numa demanda. Ao lado, a obediência ao princípio da legalidade.

Na evolução dos métodos interpretativos, é necessária a busca de princípios e regras auxiliares do intérprete.

A partir do século XX, a Suprema Corte americana, por força de dispositivo constitucional, evidenciou o princípio do devido processo legal, que veio, em 1988, para a Constituição brasileira (art. 5º, LIV).

O devido processo legal estabelece uma pauta de conduta ao Legislativo, ao Executivo e ao Judiciário, e até ao cidadão comum (via Código Civil).

Baseia-se em dois aspectos fundamentais: o substantivo e o processual. Nos Estados Unidos toda a ênfase jurisprudencial, especialmente da Suprema Corte, é no substantivo, daí o suporte na proporcionalidade e na razoabilidade.

Já o devido processo legal processual, mais ajustado à realidade brasileira, dirige-se às defesas processuais, quer civis, quer penais. Assinale-se a tendência nacional na adoção do devido processo legal substantivo.

Para o processual, observa Calmon de Passos que o devido processo legal não é sinônimo de formalismo, nem culto de forma pela forma, e sim um complexo de garantias mínimas contra o subjetivismo e o arbítrio dos que têm o poder de decidir.

Enfim, hoje, há dificuldade na definição desse instituto tão jovem, em sua intensa aplicação no Brasil. Como acentuou Félix Frankfurter, antigo juiz da Suprema Corte americana, a essência do princípio do devido processo legal não pode ficar reclusa nos limites de uma definição (due process cannot be imprisoned within the treacherous limits of any formula).

Após alvíssaras e saudações, o mundo jurídico preocupa-se com a ampliação da aplicação do devido processo legal. A resistência ocorre porque o juiz invadiria o âmbito do legislador. Não procede. O juiz torna a lei mais flexível, na extensão ou restrição do seu alcance, na conciliação do respeito ao texto com a solução mais razoável do caso (Chaim Perelman. Lógica jurídica, Martins Fontes, p. 241). Por tudo, o subjetivismo é inerente ao processo de julgamento, de afirmação do juiz. O juiz sempre está sobre a lei, para aplicá-la na conformação de princípios, dentre eles, o devido processo legal.

2

DEVIDO PROCESSO LEGAL: A INSERÇÃO NO BRASIL

1. A partir da Constituição de 1988 surgiram as aplicações do devido processo legal por força do dispositivo constitucional (art. 5º, LIV) tanto na doutrina quanto na jurisprudência, e até na legislação (Estatuto da Criança). Entretanto, é importante olhar os passos anteriores na falta de norma constitucional específica sobre o assunto.

A Constituição de 1824 apenas tracejou o devido processo legal quando assegurou as garantias no processo (art. 179), aliás asseguradas sempre até a Constituição de 1988, ainda que a V Emenda à Constituição americana (1791) já existisse quando promulgada a nossa imperial. Explica-se tal ausência, porque o Direito imperial sempre foi forte com a influência francesa, somente abrandada na Constituição de 1891, com a busca do Estado Federativo e o modelo judicial americano. Na Carta de 1891 assegurava-se a plena defesa, no processo criminal, com recursos e meios essenciais a ela, e proibição de prisão sem prévia formação de culpa (art. 72, § 14). Vítor Nunes Leal traz apropriada explicação:

> Nunca incorporamos à nossa doutrina e à nossa jurisprudência as consequências que a construction da Corte Suprema têm extraído da larguíssima cláusula due process of law. Sempre fomos menos judiciaristas no tocante à atividade da administração pública, como se pode ver, entre muitos exemplos, da inteligência restritiva que nossos tribunais costumam dar[...]. (Problemas de direito público, p. 290).

2. A partir da criação do Estado brasileiro, formalmente, com a Constituição de 1824, esta não serve de exemplo para a pesquisa de avultado instituto como o devido processo legal, mesmo porque nem nos Estados Unidos o Direito e a jurisprudência tratavam do tema, ênfase dada já ao início do século XX. A Carta de 1824 padecia da estrutura peculiar concentradora do poder do monarca, no exercício absoluto do Poder Moderador. Como observa Paulo Bonavides, esse poder pessoal ignorava os cânones expressos do texto básico (História constitucional do Brasil, 1989, p. 7).

3. Na doutrina tradicional, João Mendes Júnior aproximou-se do devido processo legal, para quem o processo era meio para a segurança constitucional dos direitos, marcado de forma adequada para não haver ofensa da garantia constitucional da segurança dos direitos. Essa orientação era feita segundo princípios filosóficos, concretizados no processo pleno ou ordinário, com atos imprescindíveis ao procedimento ordinário, chegando-se à efetiva segurança constitucional dos direitos (João Mendes Júnior. Direito judiciário brasileiro, 4ª ed., 1954, p. 197).

4. Desde 1824, todas as Constituições brasileiras ocuparam-se com as garantias processuais penais, mas sem ênfase às garantias civis.

Serviu de consolo aos juristas a observação sempre constante, e sintetizada por Castro Nunes, da falta do princípio do devido processo legal, mas atendido por outros princípios constitucionais inseridos já na Constituição de 1891 (art. 72): direito à vida (abolida a pena de morte); à liberdade, à propriedade, e especialmente o art. 78 (1891) – "A especificação das garantias e direitos expressos na Constituição não exclui outras garantias e direitos não enumerados, mas resultantes da forma de governo que ela estabelece e dos princípios que consigna". Aí arrematou Castro Nunes – equivalem, por construção jurisprudencial, à cláusula americana "due process of law" (Teoria e prática do poder judiciário, 1943, p. 617, nota 21).

Lúcio Bittencourt afirmou a presença do due process of law no Direito brasileiro. Se o regime constitucional brasileiro buscou no americano a sua diretriz, e a incorporação de garantias fundamentais, elas estão protegidas no Direito brasileiro segundo o devido processo legal (C. A. Lúcio Bittencourt. O controle jurisdicional da constitucionalidade das leis, 1997, p. 90).

José Frederico Marques provou a vigência do due process of law no Direito brasileiro segundo dispositivo constitucional da época, e portanto, ninguém seria privado da vida, da liberdade ou da propriedade sem o devido processo legal (José Frederico Marques. A garantia do "due process of law" no direito tributário, Revista de Direito Público, 1968, nº 5, p. 28).

5. Com a Constituição de 1946 surgiu nova esperança democrática, e abertura após significativo período ditatorial. Refletiu-se, então nessa Carta de grande projeção política e institucional, enfeixada já no art. 141, § 4º, a tutela do direito ao processo, o Juiz natural para a garantia da reparação da lesão sem qualquer diminuição ou subtração do seu acesso. Tal direito à tutela jurisdicional foi repetido nas cartas posteriores (1967 - art. 150, § 4º, e 1969 - art. 153, § 4º).

6. Como a Carta de 1946 foi a luz institucional depois das trevas ditatoriais, a Carta de 1967 teve o mesmo destino, como representação de mais uma abertura, mas continua a tutela jurisdicional penal sem grandes esforços com a tutela civil, pelo menos expressamente, apenas o princípio do juiz natural, e do direito de ação, faltando o princípio da legalidade. No entanto, como herança de 1891, acertava-se a inserção de outros direitos e garantias além daqueles nominados na Carta inerentes ao regime democrático, e dentre eles está o princípio da legalidade. Portanto, enfeixaram-se os grandes princípios formadores do devido processo legal.

Assinale-se o pioneirismo dos doutrinadores após 1967 e 1969.

7. San Tiago Dantas elaborou profundo estudo sobre a aproximação do due process of law entre os sistemas americano e brasileiro, especialmente na aplicação da isonomia segundo a lei (F. C. de San Tiago Dantas. Igualdade perante a lei e due process of law - Problemas de Direito Positivo, Forense, 1953, p. 35 - ver texto - item 15 deste livro). Após acentuação da característica do império da lei, afirma:

> O Poder Legislativo, em tal regime, não escapa à limitação constitucional, e os atos que pratica, embora tenham sempre forma de lei, nem sempre são leis, por lhes faltarem requisitos substanciais, deduzidos da própria Constituição. Esses requisitos se deduzem de um princípio, que é o centro fiscal do regime jurídico político: o princípio da igualdade. Graças a ele, podemos atingir, no direito constitucional brasileiro, os mesmos recursos jurisprudenciais que nos Estados Unidos, a Corte Suprema construiu, partindo do due process of law (San Tiago Dantas, p. 63).

Em 1986, Antônio Roberto Sampaio Dória tratou da aplicação do due process of law no Direito Tributário, indicando postulados cardiais da tributação (limitação da competência tributária, igualdade perante os tributos, vedação de tributos impeditivos de atividades lícitas, proibição de tributos confiscatórios) (A. R.

Sampaio Dória. Direito constitucional tributário e "due process of law", Forense, 1986). Destaque-se a aplicação do devido processual substancial.

Em 1973, Ada Pelegrini Grinover publicou importante trabalho sobre o devido processo legal, com ênfase no processual (As garantias constitucionais de direito de ação, RT). De assinalar-se o estudo de Humberto Theodoro Jr. (1987) – A execução de sentença e a garantia do devido processo legal (Ed. AIDE).

8. A jurisprudência enunciou expressamente o devido processo legal antes de 1988. Como se vê em acórdãos do extinto Tribunal Federal de Recursos (AMS 78.673, Rel. Min. Carlos Velloso, Rev. TFR 56/218; Ag. MS 87.679, DJ 25.06.1981, p. 6.264).

9. Na Constituinte de 1987, o devido processo legal veio forte por sugestão do então Ministro do Tribunal Federal de Recursos, Carlos Mário Velloso, ao Deputado Michel Temer, que levou ao debate, passando pelas várias fases legislativas, e redacionais até se converter no texto do art. 5º, LIV – "Ninguém será privado da liberdade ou de seus bens sem o devido processo legal" (Carlos Roberto Siqueira Castro. O devido processo legal e os princípios da razoabilidade e proporcionalidade. Forense, 2005, p. 423).

10. O exame histórico anterior a 1988 tem grande significado, porque se a Suprema Corte americana desde o início do século XX debateu o due process of law, não só o processual, mas principalmente o substancial, explica-se o grande silêncio introdutório do instituto no Brasil. Ainda que a Carta de 1891 fosse fundada no Direito Constitucional americano, os doutrinadores não tinham interesse no Direito americano, e sim no Direito francês e no italiano, à exceção de Rui Barbosa, grande iniciador da temática americana jurídica no Brasil, principalmente a doutrina de John Marshall.

11. Na jurisprudência clássica sobre o poder de tributar, há famoso acórdão do STF, relatado por Orosimbo Nonato, onde se entrevê o devido processo legal (substancial) na aplicação da proporcionalidade em relação à tributação. O excesso não pode chegar à destruição, e o exercício do poder de tributar fica nos limites do exercício do direito de propriedade, da liberdade de trabalho, comércio e indústria. No caso concreto, a municipalidade aumentou o tributo desmensuradamente, tornando impossível a utilização de um serviço (RE 18.331, julgado em 1951, RF 145/164), o que levou a Corte Suprema brasileira a considerar:

> O poder de taxar não pode chegar à desmedida do poder de destruir, uma vez que aquele somente pode ser exercido dentro dos limites que o tornou compatível com a liberdade de trabalho, do comércio e de indústria e com o direito de propriedade.

Em outra oportunidade, o Supremo Tribunal (1968) considerou sem proporcionalidade a suspensão do exercício da profissão àquele que preso em flagrante delito ou com denúncia recebida, em razão de enquadramento na Lei de Segurança Nacional (HC 45.232).

Ao julgar a constitucionalidade de lei que exigia requisitos para o exercício de uma profissão para a qual não há capacidade técnica, e estabelecia o registro em conselho de classe (corretor de imóveis), considerou a falta de razoabilidade:

> A regulamentação dessa profissão, portanto, em princípio, já não atende às exigências de justificação, adequação, proporcionalidade e restrição, que constituem o critério de razoabilidade, indispensável para legitimar o poder de polícia (Voto do Min. Rodrigues Alckmin, Repres. nº 930, 1976).

Ao tratar da elevação de taxa judiciária, o Supremo Tribunal considerou o excessivo aumento como não proporcional ao serviço oferecido (Repres. 1.077, 1984).

12. Aqui estão lembranças dos períodos anteriores à Constituição de 1988, porque esta deu importância ao devido processo legal, e a partir dali, consagrou-se, não somente o processual, também o devido processo substancial, fundo na proporcionalidade, e na razoabilidade (ver crítica de Oscar Vilhena Vieira ao devido processo substancial – Direitos fundamentais, Malheiros, 2006, p. 482).

3

DEVIDO PROCESSO LEGAL SUBSTANTIVO: EVOLUÇÃO NORTE-AMERICANA

1. É importante a digressão sobre determinadas perspectivas da Suprema Corte americana na fixação de diretrizes pretorianas, dentre elas, a do devido processo legal.

2. Adotado o Federalismo, os americanos viram-se na contingência de encontrar a fórmula da unificação do país, política e territorial. Havia a necessidade de novo equilíbrio entre a liberdade e a ordem, e de uma nova distribuição de poderes entre os Estados e a Nação. O primado do Direito Federal já se contemplava na Carta Magna afirmando que a Constituição e as leis complementares e todos os tratados já celebrados ou por celebrar sob a autoridade dos Estados Unidos constituirão a lei suprema do país; os juízes de todos os Estados serão sujeitos a ela, ficando sem efeito qualquer disposição em contrário na Constituição ou nas leis de qualquer dos Estados (artigo VI, 2). Esse primado do Direito Federal encontra na Corte a sua autêntica interpretação, evitando que os Estados aniquilem a legislação federal.

Madison considerava o Judiciário como o instrumento de proteção simultânea das autoridades nacional e estadual. Para Hamilton, os juízes são investidos de poderes para reforçar esta supremacia em detrimento das Constituições e leis estaduais (*The Federalist,* nº 78).

A apreciação pela Corte da constitucionalidade das leis estaduais enseja o reescrito dessa legislação. Nova orientação legislativa é imposta pelas circunstâncias criadas pela Corte. A consequente invalidação desses atos legislativos impõe a construção legislativa.

A propósito, em 1953, William Crosskey, Professor da Universidade de Chicago, sustentou tese violenta contra a Corte, em vista de seu papel de "Legislativo Supremo". Para ele, o "*judicial review*" não era uma estipulação genérica existente na Constituição, antes, pelo contrário, foi proibida na Carta Suprema.

Observou Frankfurter o enorme desenvolvimento no controle da legislação estadual pelo poder de veto da Suprema Corte.

Devemos observar a tendência da Corte no sentido do respeito ao *stare decisis*, mas este deve proporcionar garantias ao comércio jurídico, proporcionando confiança.

A lei não é precisamente susceptível ao capricho e à vontade individual. Ademais, ela deve apresentar uniformidade quando aplicada às atividades diárias do homem. Uniformidade e continuidade na lei são de grande importância para a prática de inúmeras atividades, e, se não estão presentes, a estabilidade dos contratos, convenções etc. fica comprometida e não haverá justiça igualitária se determinado dispositivo legal é aplicado hoje, e não é no dia seguinte. O *stare decisis* proporciona algumas garantias de molde a que os indivíduos possam comerciar e equacionar os seus problemas de maneira confiante, concorrendo também para a estabilidade social. É, sem dúvida, um liame vigoroso entre o passado e o futuro.

Até mesmo para os especialistas, a lei não passa de uma predição da decisão do juiz diante de um fato dado – predição que faz os dispositivos legais e as decisões neles baseadas, não deduções lógicas, mas antes funções do comportamento humano. Existe, comumente, uma pletora de precedentes a serem arrolados e não há problema para o advogado em encontrar um embasamento legal para a maior parte de suas proposições.

A posição do *stare decisis* no Direito Constitucional é ainda mais flutuante. O juiz, diante de uma decisão nesse terreno, tem impulsos no sentido de reformular a história e rejeitar o que um dia foi estabelecido. Assim, formulará ele suas próprias opiniões, rejeitando, como falsas, decisões anteriores para abraçar aquela outra que lhe parece mais apropriada.

Esse reexame do precedente em matéria constitucional irá depender da visualização do problema do ponto de vista de cada juiz. Quando apenas um novo juiz é nomeado durante determinado espaço de tempo, o efeito modificador em matéria constitucional pode não ser de grandes proporções. Mas, quando a maioria em um dado tribunal é reconstituída, isso acarretará substanciais alterações, até que os novos juízes fixem seu ponto de vista no bojo da doutrina constitucional. Durante esse período, a matéria constitucional estará em processo de cristalização. Isso é consequência necessária do nosso sistema judiciário e, a meu ver, consequência benéfica.

3. A Constituição americana já afirmara que a competência do Poder Judiciário se estenderá a todos os casos de aplicação da lei (art. III, 2). Era novidade colocar num texto legal tal expressão, reafirmando o Poder Judiciário, apoiando-o no *judicial review* isto é, a revisão feita, no decurso de um processo judicial, das resoluções das legislaturas subordinadas e das decisões do Congresso. Alexander Hamilton examinou atentamente o problema da revisão judicial.

Foi John Marshall, em célebre decisão de 1803, no caso *Marbury vs. Madison,* que trouxe para a Corte os olhares da Nação. Esse caso envolvia a questão da competência ou não da Corte Suprema para revogar um estatuto federal promulgado pelo Congresso. Afirmava-se aí o princípio do controle da constitucionalidade das leis.

Ponderava Marshall: assim, se uma lei opuser-se à Constituição e se ambas, a lei e a Constituição, aplicam-se a um caso particular, de modo que a Corte deva decidir aquele caso conforme a lei, desrespeitando a Constituição ou respeitá-la, recusando a lei, a Corte deve determinar qual destas regras em conflito governa o caso; isto é da própria essência do dever judiciário. Se, então, os tribunais quiserem respeitar a Constituição, e esta for superior a qualquer lei ordinária do Congresso, a Constituição, e não tal lei ordinária, deve governar o caso ao qual ambas se aplicam.

John Marshall deu as verdadeiras dimensões da Corte, balizou sua competência e seus poderes. Aconteceria o previsto por Alexander Hamilton da exigência de uma coragem moral incomum por parte dos juízes para erguerem-se contra violações da Constituição, quando reclamadas pela Comunidade.

A possibilidade do *judicial review*, no entanto, poderia acarretar abusos e excessos, já entrevistos por Hamilton quando afirmou que, se os tribunais se dispuserem a impor vontades em lugar de julgamentos, a consequência seria a substituição do seu *desideratum* pelo do Corpo legislativo.

Jackson afirma que, de certa feita, o próprio Marshall esteve a ponto de abandonar a doutrina da supremacia judicial durante a luta travada sobre o *impeachment* de Chase, acusado de parcialidade política, como membro da Corte. Igualmente na tormentosa questão da constitucionalidade do Banco dos Estados Unidos, a supremacia judicial tremeu em seus alicerces, quando Andrew Jackson, então Presidente da República, observou em sua mensagem de veto que a "autoridade da Suprema Corte não pode se sobrepor à atuação do Legislativo ou do Executivo quando estes poderes agem no exercício de suas atribuições legislativas".

4. Holmes, juntamente com Brandeis constituíram-se no famoso *dissent*, com seus votos vencidos nas mais importantes questões.

As diretrizes oriundas do *laissez-faire* como sejam a liberdade de contrato, o direito exclusivo dos Estados de governar as relações industriais, compeliu a Suprema Corte a declarar a inconstitucionalidade de leis estaduais e do Congresso, em número avultado. Holmes opôs-se tenazmente a esses excessos do *judicial review* alegando que não podia descobrir "outro limite que o céu" para o poder, exigido pela Corte, de desautorizar leis estaduais que possam, acaso, ser consideradas por uma maioria como indesejáveis.

A Corte, na segunda metade do século XX, tem dado grande passo na defesa das liberdades, no combate às desigualdades sociais, evitando-se as lutas em decorrência desses desajustes.

Afirmou o *Justice* Robert Jackson que a função política que pode a Suprema Corte ser chamada a desempenhar, mais ou menos efetivamente, resume-se nos princípios: numa sociedade em que transformações rápidas tendem a romper todo equilíbrio, a Suprema Corte, sem ultrapassar seus próprios poderes limitados, deve empenhar-se por manter o grande sistema de compensações sobre o qual baseia-se nosso governo livre. Se esses contrapesos e controles são essenciais à liberdade em outros lugares do mundo, é fora de questão, são necessários na sociedade que conhecemos.

No dizer de Lord Acton, foi na América do Norte que as ideias simples de que os homens devem ocupar-se dos seus próprios negócios, e de que a Nação é responsável diante do céu pelos atos do Estado – ideias aferrolhadas durante muito tempo no espírito de pensadores solitários e escondidas em *in folios* latinos – irromperam com força avassaladora sobre o mundo que estavam destinadas a transformar, com o nome de Direitos do Homem.

5. A Suprema Corte conduzira-se até 1937 numa posição conservadora em relação aos problemas econômicos quando da investida rooseveltiana da salvaguarda dos interesses econômicos. Sua oposição às pretensões do *New Deal* era consequência dessa orientação. Transformava-se a Corte num legislador. Com a derrota de Roosevelt no Senado e as alterações jurisprudenciais essa posição do Tribunal estava se alterando, passando a adotar novas preocupações no âmbito das liberdades (palavra, pensamento, religião e reunião).

6. Edward Corwin, em conferências na Universidade de Yale, sustentara a opinião de que a liberdade de decisão é o mais destacado resultado do exercício, pela Suprema Corte, do poder de revisão judicial. Sendo o poder nacional proporcional ao objetivo econômico nacional, tenderia a tornar inócua a revisão judicial. Enfeixou essas conferências em livro que denominou "*Crepúsculo da Suprema Corte*", causando indignação ao Ministro – Presidente Hughes, que rechaçou a titulação: Por que crepúsculo, quanto estamos acesos? O livro deveria chamar-se *"A Corte Suprema na radiância refletida dos professores"*.

Essa evidência está clara nas atividades contemporâneas da Corte, colaborando para o progresso da nação americana.

A concepção de progresso está na reta razão da disseminação do seu significado. Para Marx, a revolução era o método único de alcançar o progresso social. Já para a doutrina social da Igreja sua afirmação dá-se através do método reformista ou evolutivo e pacífico. Aí estão os pontos fundamentais distintivos entre marxismo e catolicismo social quanto ao *desideratum* do progresso. O marxismo e o cristianismo combatem o conservadorismo e o imobilismo, porém, divergem quanto aos meios de dinamizar a sociedade e realizar o progresso social. A paz, para a Igreja, não é somente um fim, mas um meio. Não é propaganda ou oportunismo. É realmente um objetivo a alcançar e um processo a empregar para a realização de uma vida social justa e harmoniosa. Não é a entrega do progresso apenas ao jogo livre dos interesses ou das forças econômico-sociais, porém, a realização do progresso racional por meios pacíficos e evolutivos.

Mas, para atingirmos a concepção da Suprema Corte em relação ao progresso, concluamos com Alexander Bickel:

> The true secret of the Court's survival is not, certainly, that in the universe of change it has been possessed of more permanent truth than other institutions, but rather that its authority, althoug asserted in absolute terms, is in practice limited and ambivalent, and with respect to any given enterprise or field of policy, temporary. In this accomodation, the Court endures. But only in this accomodation. For, by right, the idea of progress is common property (*The supreme court and the idea of progress*, p. 181).

7. O exame do devido processo legal na jurisprudência americana, a partir da XIV Emenda (1866) expressou o respeito ao processo legal regular na privação da vida, liberdade ou propriedade, de todos os cidadãos. Alertava o Justice Miller:

> A interdição de privar ao cidadão ou sujeito, de sua vida, de sua liberdade ou de sua propriedade, sem devido processo, não é nova na

> história constitucional de raça inglesa. Ela não era novidade na história constitucional de nosso país, nem era novidade na Constituição dos Estados Unidos quando em 1866 converteu-se em parte da emenda XIV. O equivalente da frase "*due process of law*" se encontra, segundo Lord Coke, na expressão "*law of the land*" da Magna Carta, em relação com o mandamento do *habeas corpus* (*writ of habeas corpus*), o juiz por jurados e outras garantias dadas ao sujeito contra a opressão da Coroa (*Davidson v. New Orleans*, 96 v.s. 97).

Repita-se, portanto, que a tradição inglesa transportada para a América já estava no Capítulo 39 da Magna Carta com o direito ao julgamento, por isso, Hugo Black, antigo membro da Suprema Corte, expressou que a cláusula do devido processo legal, tem origem no mais importante capítulo da Magna Carta (39) (Hugo Black. *A constitucional faith*, p. 31).

Em 1628 (*Petition of Rights*) assegurou-se igualdade de tratamento por qualquer autoridade, e a 5ª Emenda à Constituição americana consagrou que – ninguém será privado da vida, da liberdade ou da propriedade sem *due process of law.*

A expressão jurídica, com forte sotaque político, *due process of law* está arraigada na vida jurídica e política americana, alguém dizendo que é uma frase constitucional, e Oliver Holmes que – depende das circunstâncias (*Meyer v. Peabody*, 1908).

Decorridos anos e séculos da influência inglesa em terras americanas, o princípio de defesa dos direitos humanos entranhou-se na mente americana, principalmente evitando os abusos do poder.

Frankfurter assinalou que o *due process* não pode ficar preso a uma fórmula, porque é produto da história, da razão, do fluxo das decisões passadas e da inabalável confiança na força da fé democrática. Não é instrumento mecânico, nem padrão. É processo de adaptação (*Anti-Fascist Comitte v. McGrath*,1951). Repetiu essa observação:

> "*Due process*" cannot be imprisoned within the theacherous limits of any formula. Representing a profound attitud of fairness between man and man, and more particularly between the individual and government, "*due process*" is compounded of history, reason, the past course of decisions, and stout confidence in the strength of the democratic faith which we profess (*Felix Frankfurter on the Supreme Court*, Cambridge, 1970, p. 501).

8. A regra do devido processo começa como garantia processual, apenas abrindo-se o entendimento para a aplicação da XIV Emenda à proteção dos negros (*Slaughter house 16*, wall 36, 81, 1876).

Surge, então, a primeira afirmação do devido processo, com o *Justice* Samuel Miller em 1878 quando explicitou as origens inglesas e americanas do devido processo, mostrando que não era novidade americana (*Davidson v. New Orleans*, 96, v.s. 97), no entanto, foi citada pela primeira vez na Suprema Corte em 1868 (*Murray v. Hoboken Land and Improvement Co.*), abrindo-se no ano seguinte para a abrangência também a direitos substantivos e não só processuais (*Hepburn v. Griswold*). Mas pode-se assinalar que a expressão fica com o *Justice* Miller, porque a Corte expressa que o direito à vida, liberdade e propriedade acha-se protegido pelo devido processo, levando Willoughby a assinalar que esse julgado empregou métodos de raciocínio como garantia substantiva.

O século XIX não foi pródigo na aplicação do devido processo, como ocorreu a partir de 1905, quando Oliver Holmes asseverou que a expressão dependeria de um juízo ou intuição mais sutil que qualquer premissa maior articulada (Caso Lochner). Mas a importância de Holmes para essa interpretação acentua-se – a diferença que separa o razoável do que não é, é questão de grau. As diferenças de grau permitem determinar a medida na qual a legislação pode exercer seu poder de política (*Ridenout v. Knox*).

9. É importante assinalar a notável evolução do conceito do devido processo. (Eugene W. Hickok; Gary McDowel. *Justice vs. Law* – courts and politics in american society, Mackmillan, 1993).

Recuperando-se de decisão contrária ao voto dos negros, porque não tinham filiação partidária, e porque não havia infringência ao devido processo (1935), a Suprema Corte afirmou o direito dos negros a ingressarem nos partidos políticos, igualdade de tratamento nos transportes estaduais, e participação nos sindicatos de ferroviários, sem discriminação.

A Corte adotou a chamada doutrina da incorporação das liberdades da Primeira Emenda na cláusula do devido processo da 14ª Emenda, com a inserção do *Bill of Rights* na 14ª Emenda, obrigando os Estados. Com isso, conseguiu-se a obrigatoriedade da liberdade de palavra e de imprensa (1925), eliminação de censura prévia (1931), direito de reunião (1937) e de religião (1940) (William E. Leuchtenburg. *The supreme court reborn. The constitutional revolution in the age of Roosevelt,* Oxford, 1995).

10. O problema racial, em Little Rock, Arkansas ficou acentuado em 1957, com o impedimento do ingresso de estudantes negros em escola local, mas a Suprema Corte impediu tal segregação, porque o direito do estudante de ingresso em qualquer escola, afastados motivos raciais, estava abrangido pelo devido processo (Caso Brown). A Corte declarou a desobrigação da Associação das Pessoas de Cor a fornecer aos Estados a relação de seus sócios, porque violava o devido processo (*NAACP v. Alabama*, 1958 - Harlan).

11. O direito à intimidade não podia ser violado com invasões, via obtenção de provas ilegais, com o repúdio da Corte, impedindo a revogação de um direito fundamental, expressando:

> Nossa decisão, fundada na razão e na verdade, dá ao indivíduo aquilo que a Constituição lhe garante: ao policial, aquilo a que tem direito na execução honesta da lei; e aos tribunais, a integridade judicial tão necessária à verdadeira administração da justiça (*Mapp v. Ohio*, 367 v.s. 643 - 1961 Griswold - 1965, Roe - 1973).

Para decidir, a Corte acentuou que a liberdade de ingresso numa associação para a promoção de ideias é aspecto inseparável da liberdade assegurada pelo devido processo. A chamada *disclosure* - revelação de dados sigilosos, somente com suspeita fundada.

12. A liberdade de viajar fora contestada com a negação de passaporte a comunistas, mas a Corte repudiou tal diretriz administrativa sem autorização legal, (*Kent v. Dulles*, 1958), e liquidou a legislação sobre o uso de passaporte por comunistas americanos (*Apthker v. Secretary of State* - 1964).

13. O direito à educação, fundamental, não permite a segregação racial nas escolas, acentuando o *Chief Justice* Warren que o devido processo é mais que a simples ausência de restrição corporal, estendendo-se a toda a esfera de procedimento livremente do indivíduo e não pode ser restrita, senão com objetivos governamentais, a tal não chegando a segregação nas escolas (*Brown v. Bd. of Education of Topeka*, 1954; Alexander Bikel. *The supreme court and the idea of progress*, Yale, p. 114).

14. A Corte atingiu grande estatura no Caso Gideon (1963). Clarence Gideon estava preso e processado, sem que o juiz, na fase instrutória nomeasse advogado, portanto privado do regular processo legal (devido processo). Essa memorável decisão da Suprema Corte permitiu o desenvolvimento de ideias fundamentais, como a do *Justice* Hugo

Black – "Entendemos que a Corte errou ao decidir, no caso Betts, que o direito a advogado, garantido pela 6ª Emenda, não é um direito fundamental". E continuou – "nenhuma pessoa levada a um tribunal, no nosso sistema contraditório de justiça criminal, poderá ter um julgamento justo se for tão pobre que não possa contratar advogado, salvo defensor", e prossegue – "O fato do governo, como os réus com situação financeira contratarem advogados, é forte indício da crença generalizada de que estes são, nos tribunais criminais, uma necessidade, e não um luxo".

15. Em 1964 a Suprema Corte volta a prestigiar o devido processo quando admitiu, em *habeas corpus*, o exame de novas provas e revisão de julgados criminais, acentuando o *Justice* William Brennan que o *habeas corpus* era o caminho natural para a afirmação de devido processo legal (*Fay v. Noia*) (Hunter R. Clark. *Justice Brennan – the great conciliator*, Birch Lane, 1995, p. 161).

16. Sobre comissões parlamentares de inquérito, a Suprema Corte decidiu várias vezes sobre os limites de sua atuação. No Caso Watkins (1957) a Corte não considerou desacato ao Congresso, a atitude de Watkins que se negara a responder a arguição perante comissão do Congresso sobre associados do Partido Comunista. Considerou-se que o Congresso tem o direito de estabelecer regras sobre o funcionamento das comissões, porém, as arguições deveriam ser pertinentes à finalidade do inquérito, para que o depoente dispusesse de informações necessárias à resposta, e na falta desse critério haveria violação do devido processo já inserido na V Emenda.

17. É importante assinalar que a Suprema Corte nem sempre foi aplaudida na ampliação do devido processo, e sua aplicação. Já no Caso Lochner (1905) quando a maioria sustentou lei de Nova York impedindo o trabalho por mais de dez horas por dias, houve críticas, inclusive de Oliver Holmes contrário à expansão do conceito (Sheldon M. Novick. *Honorable justice, the life of Oliver Wendell Holmes*, 1989, p. 280; G. Edward White. *Justice Oliver Wendell Holmes*, Oxford University, 1993, p. 324; *The essential Holmes* – Edit. por Richard Posner, The University of Chicago, 1992, p. 305; Max Lerner. *Nine scorpions in a bottle*, Arcade Publishing, 1994, p. 293). Para Archibald Cox ocorreu Eminente justiça da Corte, Hugo Black – "a cláusula de Processo Legal, de nenhum modo, transfere aos tribunais a responsabilidade constitucional das legislaturas de determinarem a justiça e a racionalidade das leis" (*A constitutional faith*, capítulo II; Roger K. Newman, Hugo Black, Pantheon, 1994, p. 352).

Ao longo da história da Suprema Corte, que se confunde com a aplicação do princípio do devido processo legal, há flutuações no próprio conceito, no valor intrínseco e instrumental desse princípio (Laurence H. Tribe. *Constitutional choices*. Harvard, 1985, p. 414). Mas como assinalou Felix Frankfurter, outro grande vulto da Corte em voto em célebre julgado:

> *Due process* é produto da história, da razão, do fluxo das decisões passadas e da inabalável confiança na força da fé democrática que professamos. *Due process* não é instrumento mecânico. Não é um padrão. É processo. É delicado processo de adaptação que inevitavelmente o exercício de julgamento por aqueles a quem a Constituição confiou o desdobramento desse processo (*Anti-Fascist Committee*, 1951; Richard A. Posner. *Overcoming law*, Harvard, 1995, p. 208).

18. De qualquer forma, nossos intérpretes e aplicadores do princípio do devido processo legal devem buscar nesses ensinamentos a reta diretriz para a sua perfeita atuação no sistema jurídico brasileiro, principalmente na passagem do conceito puramente processual para o substancial, fase ainda não totalmente assimilada no Direito brasileiro (Laurence Tribe. *On reading the Constitution*, Harvard, 1991, p. 65; Laurence H. Tribe. *Constitutional choices*, Harvard, 1985, p. 10; Archibald Cox. *The Court and the Constitution*, Boston, 1987, p. 122; Letícia de Campos Velho Martel. *Devido processo legal – a linha decisória da Suprema Corte estadunidense*, Lumen Juris, 2005).

4

DEVIDO PROCESSO LEGAL: PROPORCIONALIDADE E RAZOABILIDADE

1. O devido processo legal tem dois princípios informadores essenciais à sua aplicação: a proporcionalidade e a razoabilidade – da lei, do ato, da atitude, da ação etc. São princípios importantes para o entendimento desse instituto, e da sua importância, passando à reserva legal: a) de natureza constitucional (ninguém é obrigado a fazer senão em virtude de lei), para a proporcionalidade dos atos em geral, não existente na Constituição, a não ser no art. 5º, § 2º, dentre os princípios democráticos; b) há distinção entre proporcionalidade e razoabilidade. Apenas, apresentam-se com mais intensidade, esta nos Estados Unidos, e aquela na Europa. Veja-se na doutrina brasileira que há distância entre os termos, ainda que possa se subsumir a proporcionalidade como elemento da razoabilidade (Celso Antônio Bandeira de Mello. *Curso de direito administrativo*, 9ª ed., p. 68; Chaim Perelman. Ética e direito, Martins Fontes, § 31).

Examinemos, na linguagem jurídica americana, o significado de *reasonable*, como adequado, plausível, considerável, imparcial, justificável e *reasonableness*, como senso comum, equidade, justiça, moderação, probabilidade (William C. Burton. *Legal thesaurus*, 2ª ed., p. 883), já no *Ballentine's*, *reasonable* apresenta-se como racional, não arbitrário ou caprichoso.

2. O razoável está relacionado à razão (*ratio*) e ao verbo *reri* (crer, julgar, pensar). O homem é animal razoável com meios e fins. A razão pode ser matemática ou filosófica, nesta há faculdades orientadoras do conhecimento da verdade. A razão é bom senso, prudência (Ferrater Mora. *Dicionário de filosofia*).

Aristóteles desenvolveu o conceito de razão e defendeu a reta razão, com a justiça no meio-termo (Ética a *Nicômaco*). A reta razão desdobra-se na proporcionalidade, igualdade e equidade. O julgamento é razoável quando se empregam critérios de discernimento, equidade, inteligência (*Aristóteles. Ética a Nicômaco*, p. 109). Já Santo

Tomás de Aquino pregou a reta razão como a síntese das virtudes morais – a temperança, a prudência, a força, a justiça. Da razão chega-se à justiça, e acima de tudo à virtude (*Suma Teológica*). Mais recentemente, Perelman estuda a reta razão, partindo da multiplicidade de soluções, mas no caso concreto, a melhor solução é razoável, no equilíbrio entre o absoluto e o mínimo. Exemplifica:

> A cada vez que o juiz deve decidir se houve falta, negligência, imprudência, quando cabe precisar um padrão (agir como bom pai de família), determinar as consequências prejudiciais de um ato faltoso, encontra-se regularmente nos acórdãos o recurso à ideia daquilo que é ou não é razoável (Ética e direito, Martins Fontes, p. 431).

Portanto, estamos diante de ideias apropriadas pelo jurista para chegar à justiça. A liberdade para o exame da razoabilidade da lei ou de uma decisão (pública ou privada) não pode tomar o rumo daquilo que Robert Bork chamou de *sedução política do Direito* (*The thempting of America*), ou, como acentuou Perelman, há limite à tolerância, e é o desarrazoado que não é aceitável (Ética e direito, p. 432).

3. O princípio da proporcionalidade, também conhecido como princípio da proibição do excesso, pode ser entendido como princípio do Estado de Direito, ou direito fundamental, que vai desdobrar-se em vários aspectos ou até requisitos. A solução adotada para a efetivação do ato ou medida deve ser adequada a seu fim ou fins. Deve ser conforme nos fins que justificam a sua adoção. É o meio e o fim. Pode ser invocado no exame do ato discricionário ou do ato vinculado, com a clássica oposição doutrinária de impedimento das razões desses atos. Também pode ser invocado no exame da finalidade das leis, com a impugnação da regra de liberdade do legislador.

Como o cidadão deve ser protegido pelos atos estatais, as vantagens para ele são as mais amplas, claro, superadas pelo interesse público ou coletivo. Para fugir a essa proteção, a ação deve estar apoiada na impossibilidade de outra ação ou meio a não atingir o cidadão. A necessidade material será invocada para justificar o ato. Na dimensão temporal justifica-se num espaço a ação examinada. A ação circunscreve-se às pessoas ou grupos não podendo ter a abrangência total ou ilimitada. Em outras palavras: A ação poderia efetuar-se por outro meio mais eficaz?

Pergunta-se ainda, se o fim atingido com a ação é proporcional ao seu conteúdo. Se há proporção entre meio e fim (Celso Bastos. *Hermenêutica e interpretação constitucional*, p. 175).

É importante a explicação dos elementos integradores da proporcionalidade. São fundamentais na medida da obediência a eles, fugindo ao arbitrário, ao gosto do intérprete ou ao arbítrio interpretativo.

Repita-se a lição de Robert Alexy sobre a sustentação da proporcionalidade em três máximas – adequação, necessidade e proporcionalidade em sentido estrito (*Princípios formais,* Ed. Gen, 2014, p. 6).

O elemento adequação entre meio e fim do ato (legislativo ou administrativo) significa a comprovação da medida pertinente ou apta para o fim pretendido ou estabelecido, o essencial ao objetivo escolhido. Então pergunta-se: Por quê?, Para quê? Nessa conjugação entre razão e fim, e meio de utilização para chegar-se ao fim, há a proporção necessária à prática. Veja-se, num exemplo de um ato exigente da exposição de todos os indivíduos, diante da polícia, à revista, com mãos para o alto. O pretexto é a segurança pública, mas não há adequação entre o meio e o fim.

Outro elemento é a necessidade decorrente da exigência indispensável ao direito fundamental. O meio deve ser necessário para os objetivos pretendidos no ato. Não se examina a forma adotada, e sim como se ativará essa forma, a adoção do meio mais suave, e menos oneroso. O critério de valoração dos interesses na determinação do limite da satisfação lícita de um interesse à custa do interesse de outrem (Karl Engisch. *Metodologia da ciência do direito,* 1978, p. 578).

Outro elemento existe na relação entre custo e benefício de um ato. Se há vantagem e desvantagem com a utilização do meio usado. Quais os danos? Quais os resultados? Ainda que drástico, prejudicial, o benefício pode ser ótimo. Pode-se, também, cotejar entre dois direitos fundamentais, fazer a ponderação entre eles, para a admissão do melhor, mais conveniente (ex.: a liberdade e o interesse público; a liberdade e a proteção individual) (ver exemplo da Suprema Corte Americana em 1971, no Caso *Watergate,* sobre a possibilidade de a imprensa divulgar notícias que o governo considerava lesivas à segurança nacional (sigilo da informação e o dever da imprensa de informar).

A inconstitucionalidade ocorre com a perda da proporção entre os fins programáticos e as demais regras constitucionais (Paulo Bonavides. *Curso de direito constitucional,* 6ª ed., p. 353).

Como expõe Konrad Hesse para o Direito alemão – a proporcionalidade expressa uma relação de duas grandezas variáveis, que não deve ir além do necessário para produzir a concordância de ambos os bens jurídicos, e insiste na relação entre concessões e restrições de liberdade, sendo determinada no sentido de uma presunção inicial a favor da liberdade (Konrad Hesse. *Elementos de direito constitucional da República Federal da Alemanha*, Sérgio Fabris, 1998, p. 67).

4. O critério da razoabilidade limita o poder normativo do Estado. Se a lei faz diferenças ou classificações arbitrárias ou tendenciosas, infringe o devido processo legal (San Tiago Dantas. *Problemas de direito positivo*, p. 37), porque reside na necessidade de proteção dos direitos e liberdades contra a legislação opressiva, e por isso, o Estado não pode legislar sem limites. O STF, ao examinar o aumento de taxas judiciais, delimitou a equivalência razoável entre o custo real dos serviços e o montante, como razoável ou proporcional (Repr. 1.077, *RTJ* 112/34).

5. A aferição da proporcionalidade e da razoabilidade dá-se segundo lei determinadora de restrição de direitos. A restrição deve ser proporcional ao objeto legal. Em caso concreto, o Supremo Tribunal suspendeu lei estadual que determinava a pesagem dos botijões de gás liquefeitos na presença do consumidor. Além de inócua, a medida acarretaria danos ao fornecedor, não proporcionais ao interesse do consumidor (ADIn 855, *RTJ* 152/ 455).

Veja-se a proibição do excesso (Canotilho. *Direito constitucional*, 5ª ed., p. 266) e o direito ao devido processo legal (José Afonso da Silva. *Curso*, 24ª ed., p. 431).

A lei extensiva de direitos também não pode deferir direitos a quem não os tenha, por suas características pessoais ou individuais. Não se pode atribuir condições a quem não tenha como pressuposto o seu exercício, como ocorreu em Constituição estadual que deferiu pagamento de férias a aposentados. A lei instituiu prerrogativa do servidor ativo, por isso, o Supremo Tribunal assentou:

> A norma legal, que concede ao servidor inativo gratificação de férias correspondente a um terço (1/3) do valor da remuneração mensal, ofende o critério da razoabilidade que atua, enquanto projeção concretizadora da cláusula do "*substantive due process of law*", como insuperável limitação ao poder normativo do Estado (ADIn 1.158, *RTJ* 160/141).

O Supremo Tribunal, ao examinar a lei instituidora do chamado exame final de curso (provão), considerou razoável a sua exigência, como forma de aperfeiçoamento dos cursos. Entretanto, dois votos vencidos entenderam a exigência como descabida e atentatória ao princípio da razoabilidade (ADIn 1.511). Enfim, está proibida a limitação desproporcional. Segundo a Constituição compete ao Poder Executivo a regulamentação das leis. Ora, ainda que não se trate de usurpação dessa competência, como ocorre no avanço dos limites na lei, como exemplo, lei disciplina certo procedimento administrativo, e o regulamento trata do procedimento judicial. Nessa hipótese, há ilegalidade. Entretanto, o Executivo pode normatizar, nos limites da lei, porém, de modo não razoável. Logo, não só a lei deve ser razoável, bem como o seu regulamento. A norma regulamentar não deve ser arbitrária ou não plausível, na relação de congruência entre a classificação em si e sem destino (Carlos Roberto Siqueira Castro. *O devido processo legal e os princípios da razoabilidade e da proporcionalidade*, Forense, 2005, p. 151; Luiz Roberto Barroso. *Interpretação e aplicação da Constituição*, Saraiva, 1996, p. 207). Tal observação fora sentida por San Tiago Dantas:

> Releva atentar, aqui, para imperiosa necessidade de controle jurisdicional sobre o merecimento das classificações normativas, em particular no quanto respeita à sua "razoabilidade" e "racionalidade", eis que não é suficiente, para a validade dos atos materialmente legislativos, a simples observância do processo constitucional ou legal pertinente à sua formação. Tudo porque, na exposição de San Tiago Dantas "Não basta a expedição de um ato legislativo formalmente perfeito para preencher o requisito do '*due process of law*'. Se assim fosse, a cláusula seria inoperante como limite ao arbítrio legislativo, pois o requisito constitucional estaria atendido com a simples existência da lei formal. Seria o mesmo que o legislador constituinte dizer ao legislativo ordinário: *you shall not do the wrong, undless choose to do* (Cooley)" (p. 160).

Na validade de leis restritivas de direito, diante da Constituição, mais se impõe a proporcionalidade e a razoabilidade.

6. No Direito Comunitário europeu já está previsto o princípio da proporcionalidade como princípio geral e inserido no tratado da CE (art. 3 B, § 3º) – a ação da Comunidade não excede senão o necessário para atender aos objetos do tratado. Destina-se à repartição das competências, temperando o uso que a autoridade comunitária faz do poder discricionário, na adequação dos meios aos fins (Yves Chaput. *Aborder le droit communautaire,* Ed. Senil, 1997, p. 53) (ver art. 52, 1 – Carta de Direitos Fundamentais da União Europeia). A Constituição portuguesa estabelece limites à lei restritiva de direitos, liberdades e garantias, limitada ao necessário (aí proporcional) (art. 18, [2]. A Constituição brasileira dá passagem ao necessário e ao compatível (art. 36, § 3º – no estado de sítio; art. 129, II e IX, atuação do Ministério Público).

7. Lei Federal (Lei 9.294) estabeleceu proibição de propaganda de bebidas alcoólicas com determinado teor alcoólico. Arguiu-se a inconstitucionalidade porque não seria razoável a exclusão de bebidas de teor mais baixo. Qualquer bebida pode ser prejudicial à saúde, diziam. Portanto, seria inconstitucional e atentatória ao princípio do devido processo legal substantivo porque não razoável. (STF, ADIn 1.755-85).

O Ministro Celso de Mello, então Presidente do Supremo Tribunal, traçou para o caso, importante diretriz:

> Como precedentemente enfatizado, o princípio da proporcionalidade visa a inibir e a neutralizar o abuso do Poder Público no exercício das funções que lhe são inerentes, notadamente no desempenho da atividade de caráter legislativo. Dentro dessa perspectiva, o postulado em questão, enquanto categoria fundamental de limitação dos excessos emanados do Estado, atua como verdadeiro parâmetro de aferição da própria constitucionalidade material dos atos estatais.
> A validade das manifestações do Estado, analisadas estas em função de seu conteúdo intrínseco – especialmente naquelas hipóteses de imposições restritivas incidentes sobre determinados valores básicos passa a depender, essencialmente, da observância de determinados requisitos que pressupõem "não só a legitimidade dos meios utilizados e dos fins perseguidos pelo legislador, mas também a adequação desses meios para consecução dos objetivos pretendidos [...] e a necessidade de sua utilização [...]", de tal modo que "Um juízo definitivo sobre a proporcionalidade ou razoabilidade da medida há de resultar de rigorosa ponderação entre o significado da intervenção para o atingido e os objetivos perseguidos pelo legislador [...]" (GILMAR FERREIRA MENDES, "A proporcionalidade na jurisprudência do Supremo Tribunal Federal", In: *Repertório IOB de jurisprudência*, nº 23/94, p. 475).
> Cumpre enfatizar, neste ponto, que a cláusula do devido processo legal – objeto de expressa proclamação pelo art. 5º, LIV, da Constituição, e que traduz um dos fundamentos dogmáticos do princípio da proporcionalidade – deve ser entendida, na abrangência de sua noção conceitual, não só sob o aspecto meramente formal que impõe restrições de caráter ritual de atuação do Poder Público, mas, sobretudo, em sua dimensão material, que atua como decisivo obstáculo a edição de atos legislativos revestidos de conteúdo arbitrário ou irrazoável.
> A essência do substantive *due process of law* reside na necessidade de proteger os direitos e as liberdades das pessoas contra qualquer modalidade de legislação que se revele opressiva ou destituída do necessário coeficiente da razoabilidade.

8. Na administração é importante a averiguação da proporcionalidade e da razoabilidade.

O ato da Administração deve obediência à razoabilidade, porque o administrado não pode sofrer restrições ou constrições senão indispensáveis ao interesse público, ainda que não transgrida norma concreta e expressa, mesmo que legal, se o ato não é razoável, diante da proporção existente entre os meios e o fim daquele ato.

A adequação do ato administrativo decorre da razoabilidade da decisão de editá-lo. Há lógica entre a decisão administrativa, e a sua proposta de eficácia. Já a proporcionalidade deve estar na adequação das necessidades administrativas. O sacrifício do interesse individual exigido pelo interesse coletivo. (Lúcia Valle Figueiredo. *Curso de direito administrativo*, 1994, p. 42; Humberto Bergmann Ávila. A distinção entre princípios e regras e a redefinição do dever de proporcionalidade - *RDA* 215/151).

A impossibilidade do exame dos atos discricionários tem sido obstáculo à passagem da simples legalidade para a apreciação do mérito. No entanto, essa vedação tem cedido a possibilitar a verificação de requisitos essenciais à composição do ato discricionário. O arbitrário não pode revestir a discrição administrativa, e com isso ficar imune à apreciação judicial. O exame da razoabilidade permite a apreciação do mérito, e então a separação entre o discricionário e o arbitrário. Naturalmente, nesse exame entram os seus elementos na apreciação de meio e fim, o custo-benefício do ato. A conveniência do ato não pode ser examinada, mas outros aspectos ornam o discricionário, como exigência descabida, não útil, desnecessária ou exorbitante, a exigência de requisitos absurdos, a discriminação de indivíduos sem razões práticas ou técnicas, como fixação de idade para concurso em carreira não necessitada de nível etário para o exercício. A ocupação de cargos simultaneamente por dois irmãos, decidindo conjuntamente (ver STF, MS 23.158, julgado em 11.11.1999 - dois irmãos julgando no mesmo órgão colegiado). Os princípios da razoabilidade e da proporcionalidade proíbem o excesso e vedam o arbítrio do poder, como forma de proteção dos direitos e das liberdades das pessoas (STF, SS 1.320-9, Min. Celso de Mello, *RDA* 216/223). Será discricionário o ato que determine a forma da embalagem de certo produto, porém, se houver inadequação da exigência, embalagem grande ou pequena, portanto, desproporcional ao custo-benefício, cede o discricionário ao autoritário ou arbitrário, e portanto, possível o exame da proporcionalidade (STF, exigência do comércio de cigarros em embalagem com vinte unidades, *RTJ* 160/140). Não é razoável o pagamento de salário a servidores até o dia 10 do mês, porque antecipa o pagamento por serviços não prestados (STF, ADIn 247). Não é razoável a exigência de obtenção do certificado de conclusão de curso, após a aprovação em vestibular. Há inversão da ordem natural acadêmica (STF, ADIn 2.667). Há falta de razoabilidade na lei criadora de programa de pensão mensal a crianças geradas a partir de estupro, porque o pressuposto não é a necessidade do beneficiário, e sim a circunstância da geração (STF, ADIn 2.019).

O Supremo Tribunal considerou ofensivo ao devido processo legal, no caso concreto, reedições sucessivas de medida provisória (STF, ADIn 1.922). Como observou Celso Antônio Bandeira de Mello – a atuação da Administração, no exercício da discrição obedece a critérios aceitáveis do ponto de vista racional, segundo o senso normal de pessoas equilibradas. Uma providência administrativa desarrazoada não estará conforme à finalidade da lei. Já a proporcionalidade leva a conduta administrativa com a adesão ao espírito da lei, à finalidade (*Curso de direito administrativo*, 9ª ed., p. 66). Entendeu o Ministro Carlos Velloso, no STF, que a Constituição Federal engloba o substantivo e o processual (ADIn 1.105, *RTJ* 177/119).

Perelman, após lembrar, a célebre passagem de Luís Recaséns Siches – a lógica do razoável, acentua que o desarrazoado não pode ser admitido, e conclui:

> O que é essencial é que, num Estado de direito, quando um poder legítimo ou um direito qualquer é submetido ao controle judiciário, ele poderá ser censurado se for exercido de forma desarrazoada, portanto, inaceitável (Chaim Perelman. Ética e direito, Martins Fontes, p. 429).

9. Os princípios da proporcionalidade e da razoabilidade avançam sobre outros ramos, além do Administrativo, inerente ao discricionário (José Alfredo de Oliveira Baracho. Teoria geral do princípio da proporcionalidade, *Revista da Academia Brasileira de Letras Jurídicas*, 15/95; Ruitemberg Nunes Pereira. *O princípio do devido processo legal substantivo*, Renovar, 2005; Danielle Anne Pamplona. *Devido processo legal – aspecto material*, Juruá, 2004; Luiz Carlos Branco. *Equidade, proporcionalidade e razoabilidade*, RCS Editora, 2006; Amini Haddad Campos. *O devido processo proporcional*, Legis, 2001; José Roberto Pimenta Oliveira. *Devido processo legal*, Malheiros, 2006). Chegaremos, então, à máxima – legalidade, fraternidade e proporcionalidade.

5

DIREITO PROCESSUAL CIVIL

5.A. DEVIDO PROCESSO LEGAL PROCESSUAL. GARANTIAS PROCESSUAIS LEGAIS. A TUTELA CONSTITUCIONAL NO PROCESSO

1. Vamos distinguir o devido processo legal substancial do devido processo legal processual, mais acentuado no tema específico deste estudo.

2. O devido processo legal substancial, forte na razoabilidade e na proporcionalidade, pode também ser invocado no processo civil, porque, em muitas circunstâncias, não é razoável ou proporcional a regra aplicada à hipótese processual, ou a autoridade judicial a aplica indevidamente, ou a aplica sem autorização ao binômio citado. Importante a obediência aos procedimentos previstos nos julgamentos, no equilíbrio entre exatidão e eficiência na aplicação do Direito (Ronald Dworking. *O império do direito.* Martins Fontes, p. 203). O Direito é estruturado por um conjunto coerente de princípios sobre a justiça, a equidade e o devido processo legal processual, e o juiz deve aplicá-los de acordo com a situação justa e equitativa (Ronald Dworkin, p. 291). De imediato, exemplifica-se com a hipótese recursal em tempo exíguo. A lei estabelece prazo não razoável ou proporcional à resposta necessária. O juiz estipula prazo não razoável ou proporcional à defesa. Se a imposição não é adequada ao proposto, haverá a natural diferença entre o necessário e o imposto, em outras palavras, é direito a um procedimento honesto (Luís Afonso Heck. *O tribunal constitucional federal e o desenvolvimento dos princípios constitucionais*, Sergio Fabris, 1995, VJ. 218), ou ao justo processo (Luigi Paolo Comoglio. Garantie constituzionali e "giusto processo". *Revista de Processo* 90/94); Nelson Nery Junior. *Princípios do processo civil na Constituição Federal*, p. 39; Rogério Lauria Tucci. *Devido processo legal e tutela jurisdicional*, RT, 1.993, p. 99). Acresce a observação de Luiz Fux de que a tutela imediata dos direitos evidentes afirma o devido processo legal (*Tutela de segurança e tutela da evidência*, Saraiva; 1996, p. 319).

O devido processo tem grande importância no processo. Observa Calmon de Passos que ele não é sinônimo de formalismo, nem culto da forma pela forma, e sim um complexo de garantias mínimas contra o subjetivismo e o arbítrio dos que têm o poder de decidir (*Direito, poder, justiça e processo*, Forense, 1999, p. 69; Eduardo Couture. *Estúdios de derecho procesual civil* I/194). Estará mais próximo do processo justo, equitativo (Cândido Rangel Dinamarco, *Nova era do processo civil*, 2004, p. 57; J. J. Gomes Canotilho, *Direito constitucional*, 5ª ed., p. 486). A efetividade torna o processo mais atuante, adequado aos anseios dos postulantes, e no estabelecimento da segurança jurídica (José Carlos Barbosa Moreira. *"Efetividade" do processo, estudos em homenagem a José Frederico Marques*, p. 203; Carlos Alberto Alvaro de Oliveira. O processo civil na perspectiva dos direitos fundamentais, *Revista Brasileira de Direito Comparado*, Rio, 24/101).

A sociedade civilizada requer instrumentos garantidos por princípios eficazes da atuação dos direitos, dentre eles, o devido processo legal (J. J. Calmon de Passos, *Comentários ao CPC*, 9ª ed., Forense, III 26). Agregam-se à atuação do devido processo legal no processo, a proporcionalidade e a razoabilidade (Arruda Alvim. *O princípio da proporcionalidade nos quadros da dogmática contemporânea* – Doutrina – Superior Tribunal de Justiça, 2005, p. 367; Paulo Cezar Pinheiro Carneiro. *Acesso à justiça*, 2ª ed., Forense, p. 95; Tereza Wambier. *Nulidades do processo e da sentença*, p. 476; Gisele Santos Fernandes Góes. *Princípio da proporcionalidade no processo civil*, Saraiva, 2004).

A proporcionalidade como critério dirigente da atividade do juiz, na rapidez e certeza (Luiz Guilherme Marinoni, *Tutela cautelar e tutela antecipatória*, 1994, p. 124).

O Supremo Tribunal tem aplicado os dois princípios em importantes decisões: o controle da razoabilidade das leis restritivas do poder cautelar (ADIn 223-6). É razoável o cabimento de medida cautelar em ação rescisória quando autora pessoa jurídica de direito público (ADIn 2.251). Razoabilidade no estabelecimento de regras de transição no direito intertemporal (ADIn 2.209). Não há razoabilidade na atuação de dois juízes irmãos no mesmo órgão colegiado (MS 23.138).

3. Passemos ao outro devido processo (processual) tema deste escrito, iniciando-o nos princípios constitucionais do processo civil, forte no direito de ação. Este é o pilar do devido processo processual, sobre o qual assentam-se outros princípios inerentes ao processo civil. Pode-se afirmar, sem exagero, que o direito de ação não pode ser retirado da Constituição, porque muitos debates diversionistas poderão frear o acesso à Justiça, ainda que seja princípio, sempre existirá e valerá.

Da sua importância cuidou o Supremo Tribunal ao apreciar a limitação de medidas liminares e cautelares em vários procedimentos. Deduziram-se preocupações de preservação do direito de ação, e de acesso ao Judiciário, também com cuidados com a parte contrária (em geral o Poder Público) naturalmente violando a garantia do devido processo legal (ADIn 223, *RTJ* 132/572). Como consequência, a parte tem o direito ao desenvolvimento regular do processo, segundo regras legais (AG. 133.757, Rel. Min. Marco Aurélio, *RTJ* 161/624). A preocupação continuará com a possibilidade de obstáculos arbitrários ao pleno exercício da jurisdição (Carlos Alberto Alvaro de Oliveira. *Do Formalismo no processo civil,* Saraiva, 1997, p. 186 e 85; Teori Albino Zavascki. *Antecipação da tutela,* Saraiva, 2000, p. 64; Humberto Theodoro Júnior. O processo de execução e as garantias constitucionais da tutela jurisdicional. In: *O processo de execução*, estudos em homenagem ao Prof. Alcides de Mendonça Lima, Fabris, p. 157).

4. A autodefesa como forma de justiça ficou ultrapassada no tempo, principalmente quando o Estado resolveu intervir para evitar as contendas, subtraindo às partes a solução do conflito, porque ninguém é bom juiz em causa própria (*nemo judex in rem sua*). Assim, somente a imparcialidade pode conduzir à justiça, e esta é feita pela autoridade estatal, consubstanciada no Judiciário, que tem a função de decidir a demanda. Essa função é a jurisdição. Para que a jurisdição seja atenuante, é necessário provocá-la, daí a observação de Calamandrei, de que não há jurisdição sem ação, não há atuação sem provocação, exceção feita ao arbitramento, ao direito de retenção e à venda coativa por inadimplemento do comprador, que são exceções à função jurisdicional, como monopólio estatal. A função jurisdicional enquadra-se na categoria das garantias jurisdicionais inseridas no quadro das garantias do direito objetivo com base na Carta Constitucional (Chiovenda, *Instituições*, 2ª ed., p. 4), onde há a intervenção do Estado, por meio do processo, atuando jurisdicionalmente com o objetivo de impor a obediência à ordem jurídica (Mortati, *Istituzioni di diritto pubblico*, nº 17, p. 793). Portanto, o exercício da função jurisdicional pressupõe o conflito. É função da soberania do Estado e como tal é preservada, na própria Constituição, quando distribui o seu exercício entre os órgãos (tribunais e juízes). Santi Romano chega a afirmar que essa função tem por objeto a manutenção e a efetivação do ordenamento jurídico. O Estado deve assegurar a integridade dos direitos objetivos, quando eles são lesados, através da sua tutela jurisdicional. Distingue-se, portanto, a função administrativa da função jurisdicional. Na função administrativa, o Estado, dentro dos limites conferidos pelo Direito, atinge seus interesses pela atividade administrativa; ao revés, o Estado intervém para procurar a satisfação de certos interesses, cujo titular não pode atender, pela incerteza ou inobservância da norma garantidora. Aí age a atividade jurisdicional. Na primeira, o Estado intervém diretamente, na segunda, por provocação daquele que pretende a satisfação de seus interesses, isto falando da jurisdição civil.

Após muita discussão entre os juristas, assentou-se a jurisdição como atividade do Estado para a atuação do direito objetivo, mediante a aplicação da norma geral ao caso concreto e mediante a realização forçada da norma geral (Wach, Chiovenda, Betti, Raselli).

A jurisdição tem traços de distinção com a administração, quando se fala em contencioso administrativo. Simoncelli mostrou a distinção. A jurisdição é exercida em fim privado e a administração pública com finalidade pública. Já Calamandrei observou que a função jurisdicional é objetivada pelo juiz, que faz observar o direito pelas partes. O administrador utiliza o Direito como meio para obter fins de caráter social. Mais modernamente, Agustin Gordillo explica essa distinção: "Os atos da Administração não têm o regime jurídico dos atos jurisdicionais, que não produzem os efeitos de tal função".

Mais adiante extrema:

> O ato jurisdicional provém de um órgão imparcial na contenda que resolve, ou seja, é um terceiro alheio à lide; sua atividade se desenvolve em função do interesse dos destinatários e não no seu próprio. Ao contrário, o ato da Administração em geral responde ao interesse do próprio órgão que o edita (*Princípios gerais de direito público*, RT, 1977, p. 151).

O Estado estrutura o sistema judiciário para fazer atuar a jurisdição. Todo aquele que se sente lesado pode levar sua lesão ao Poder Judiciário. Não importa que seja vencido. O princípio da sucumbência é consequente à punição daquele que perde. O Estado põe à disposição dos indivíduos seu sistema judiciário. A condenação na sucumbência restabelece o patrimônio do vencedor que foi desfalcado com o pagamento dos honorários do advogado (Lei 8906 - art. 23. A condenação é justificada por esse fato, e não porque é vencido na demanda. Por isso, prevê-se a lide temerária, abuso do direito de demandar. A propósito diz Pontes de Miranda:

> Houve quem pensasse que a coerência ordenava fossem punidos todos aqueles contra os quais se pronunciassem os julgados definitivos. Nem isso se dá, nem seria possível se desse sempre, porque o Estado só organizou a lide judiciária com o intuito de pacificação (*Tratado das ações*, I/235, 2ª ed.).

Enfim, o Estado mantém a estrutura judiciária para solver as demandas com a atuação da função jurisdicional. Excluem-se dessa oportunidade as questões políticas. E sobre elas falou soberanamente Ruy Barbosa:

> Desde Marshall, no memorável aresto em que se sagrou a jurisdição dos tribunais contra o exercício inconstitucional das faculdades do governo, ou do Congresso, ficou, ao mesmo tempo, reconhecido existir no domínio desses poderes uma região impenetrável à autoridade da justiça: a região política.
>
> Mas em que termos se deve entender o horizonte desta expressão? Adotada em sua acepção ampla, ela abrangeria no seu raio a esfera inteira da soberania constitucional, baldaria absolutamente a competência, que para o judiciário se reclama, de coibir-lhes as incursões no terreno do direito individual, reduzindo esta competência a nada. O Poder Executivo e o Poder Legislativo são órgãos políticos do regime; política é sua origem, seu caráter, sua atividade; políticas todas as suas funções. A se considerar, pois, a este aspecto a situação desses poderes, não haveria um só de seus atos, para o qual não se pudesse reivindicar imunidade à sindicância dos tribunais; e o ascendente pretendido por estes, como propugnáculo das garantias constitucionais contra a usurpação do chefe do Estado, ou das assembleias representativas, seria pura e simplesmente uma burla.
>
> É a consequência extravagante que Pomeroy quis prevenir, quando escreveu: "Fundamento não há para a absurda noção, aventurada algumas vezes, de que, onde quer que o litígio tenda a um julgamento acerca da validade de um estatuto do Congresso, a matéria é necessariamente política".
>
> Claro está, pois, que, dentre assuntos políticos e assuntos políticos mais ou menos propriamente tais, a restrição há de abranger uma limitada classe de casos e excluir a mais vasta categoria deles; porque aliás a tutela judicial ficaria sendo a exceção, quando é, pelo contrário, a regra: "Os americanos confiaram aos tribunais de justiça o

> encargo (*the duty*) de resolver os pleitos que envolvam debate sobre a limitação dos vários ramos do governo".
> Qual o critério discriminativo, por onde apurar, dentre os atos do Congresso e do governo, todos genericamente políticos, os estritamente tais, para verificarmos quais os que escapam à ação da justiça, quais os que não podem esquivá-la?
> A linha diretriz não me parece difícil de traçar. De um lado estão os grandes poderes do Estado, com as suas atribuições determinadas em textos formais. Do outro, os direitos do indivíduo, com as suas garantias expressas em disposições taxativas. Em meio a uma e outra parte, a Constituição, interpretada pela justiça, para evitar entre os direitos e os poderes as colisões possíveis. Quando, portanto, o poder exercido não cabe no texto invocado, quando o interesse ferido por esse poder se apoia num direito prescrito, a oportunidade da intervenção judiciária é incontestável. O assunto será então judicial. Quando não, será político. Versa a questão sobre a existência constitucional de uma faculdade, administrativa ou legislativa? A solução, nessa hipótese, está indicada pela enumeração constitucional das faculdades consignadas a cada ramo do governo. A matéria é judicial. Versa ela sobre a extensão desse poder relativamente aos direitos individuais? O confronto entre a cláusula, que confere o poder, e a cláusula que estabelece a garantia determina, por intuição, ou interpretação, o pensamento constitucional. O assunto ainda é judiciário. Versa, enfim, sobre a maneira de exercitar esse poder, sua conveniência, sua oportunidade? Neste caso a questão é política, porque seus elementos de apreciação pertencem intrinsecamente à função conferida, e a ingerência de outro poder a anularia intrinsecamente.
> A questão pode ser política (no sentido que nos interessa: no sentido estrito) por três modos: pela natureza do assunto, pela forma que a controvérsia assumir, pelos termos em que a resolverem (*Os atos inconstitucionais do Congresso e do Executivo*, "Razões finais", item IV).

5. O juiz natural é o juiz instituído pela lei para julgar certas e determinadas questões. A especialização ou a caracterização das atividades de certas pessoas levou à diversificação da Justiça ordinária e da Justiça especial. A isso não se furtou o Direito brasileiro, nem por isso entendendo-se fora do razoável. Se a Constituição institui a dicotomia Justiça ordinária e especial, não há de ver disparidade nessa orientação. O juiz natural é o juiz ordinário ou especial para o julgamento de matérias merecedoras de exame especial. Não se arguirá de errado que o Senado Federal, transformado pela Constituição Federal em juízo especial, não esteja conforme a sistemática constitucional. O Senado, na sua competência constitucional para julgar o Presidente da República e os ministros do STF nos crimes de responsabilidade (art. 52, I e II), é juiz natural, apesar de ser juízo especial de poderes excepcionais.

Essa regra do juiz natural encontra sua origem na Constituição brasileira de 1946. Na Constituinte apregoava-se a desnecessidade de semelhante afirmativa. Se a Constituição iria instituir o Poder Judiciário, como o Poder para dirimir conflitos de interesses, logo a regra maior cedia a outro princípio. Em suma, seria superafetação dar-se o acesso a um Poder, que fora criado para atender àqueles que teriam acesso. Mas a regra fixou-se na Constituição de 1946. A razão é histórica. O Brasil saía da hibernação constitucional, como expressara Leon Blum: "*Les vacances de la legalité*", e por isso todos exigiam os direitos individuais bem acentuados.

No Direito alienígena, a Constituição alemã diz que qualquer pessoa tem o direito de ser ouvida ante os tribunais (art. 19, § 4º), e ninguém pode ser subtraído a seu juiz legal. Da mesma forma, a Constituição italiana assegura a todos proceder em juízo para a tutela dos próprios direitos e interesses legítimos (art. 24, México 1917, art. 14).

A Constituição veda, e há repúdio geral aos juízos de exceção. Já a Constituição de 1824 expressava que não haveria esse tipo de juízos (art. 179, nº 17), bem como o repúdio ao foro privilegiado (Constituição de 1891, art. 72, § 23), exceto aqueles naturalmente afetos a juízos especiais. O STF teve ensejo de abordar a distinção entre juízo de exceção e juízo especial para acentuar:

> O juiz natural, como órgão legítimo do Estado, não repele a existência do juízo especial, que também é órgão do Estado investido de jurisdição. Na verdade, ele se contrapõe ao chamado juízo de exceção, com atribuições jurisdicionais que escapam das diretrizes da Constituição (Extradição 347, *RTJ* 86/13).

Logo se entende que juiz natural é o pré-constituído por lei ou, como está arraigado em nosso sistema constitucional, na própria Constituição (Liebman, *Manuale di diritto processuale civile*, 3ª ed., I/9; José Frederico Marques, *Instituições*, v. I, § 78).

As consequências do princípio do juiz natural são marcadas em relação à lei. Assinala Pontes de Miranda que a lei ordinária não pode excluir da apreciação judicial as próprias leis, ou quaisquer outras regras jurídicas, nem a defesa dos direitos individuais que se fundem em regras jurídicas da Constituição. A lei ordinária não pode excluir da apreciação judicial os direitos individuais que se fundem em leis ordinárias. Na primeira assertiva, uma lei não pode autorizar a imunidade de seu exame pelo Judiciário. Na segunda observação, muito mais importante, a lei não exclui do exame aqueles direitos individuais facultados por lei. Acrescenta José Frederico Marques que essa regra impede a criação de órgãos judiciários não previstos constitucionalmente (*Instituições*, I/195, 2ª ed.) (ver promotor natural (HC 67.759, *RTJ* 150/123).

Nessa apreciação, obviamente, estão os atos administrativos de qualquer natureza. Antes de 1946, o Supremo Tribunal, pelo voto de Castro Nunes, já considerava a sujeição desses atos ao controle judicial (*RF* 98/587). Nem de modo indireto admitia-se a exclusão do exame pelo Judiciário, escamoteando-se a necessidade do esgotamento de outras vias, como a administrativa, para o ingresso no Judiciário. Desde o momento que a lei exija o exaurimento por meio de vias intransponíveis ou inacessíveis, torna-se impossível esgotar-se, razão pela qual a lei é inconstitucional, se exigir requisitos impossíveis de atingimento. Por isso, o Supremo Tribunal exigiu a regulamentação de lei que dava como requisito para ingresso no Judiciário que houvesse a exaustão de via administrativa (STF, RE 72.071, *RTJ* 58/692).

Esse princípio constitucional já se acentuava na Constituição Imperial, ao preconizar o direito a julgamento por autoridade competente (art. 179, nº 17), e mais remotamente com fundas raízes na Magna Carta, quando preceituava o direito de todo homem livre ser preso somente pelo juízo dos seus pares.

Enfim, juiz natural se opõe a juiz de exceção, particular, especial para determinadas situações, casos ou fatos particulares (ver STF, despacho do Ministro Celso de Melo, no HC 74.603-9, DJ 21.10.1996).

O prévio exaurimento da instância administrativa como condição de proponibilidade da ação em juízo, ou como condição de procedibilidade em juízo, envolve a chamada jurisdição condicionada. Ela pode estar não no direito de ação, porém, no direito de defesa (exemplos: prévia comunicação do sinistro ao segurador; avarias marítimas – prévio exame pelo Tribunal Marítimo).

Não há dúvida quanto à necessidade de acelerar a solução dos conflitos de interesses em benefício da sociedade. A demora nas soluções desses conflitos implica acirrar os ânimos, transformando o conflito individual num conflito coletivo pela expansão do desânimo.

A fórmula necessária para obviar a presteza da Justiça numa solução está em adequar os interesses dos remédios momentâneos e exatos para sopesar os conflitos. A vida judicial, por sua tradição e solidez, é a mais indicada. Sua estrutura inspira confiança aos litigantes, mas muitas vezes leva à exaustão dos litigantes, desanimados pela não presteza nos seus objetivos.

Quais seriam as soluções? O arsenal é repleto. Desde medidas estruturais do Poder Judiciário até a solução extrajudicial.

Não há a menor dúvida de que o acesso ao Poder Judiciário aumenta consideravelmente.

Com a melhoria do nível de vida, o melhor acesso às riquezas, a distribuição de renda mais equânime, o acesso aos meios de informações e culturais, dizendo ao indivíduo das suas possibilidades, é necessário prever o futuro do Poder Judiciário com as suas dificuldades para atender prontamente às solicitações. O acesso à Justiça impõe a presteza na atuação jurisdicional, tanto que a Emenda Constitucional nº 45/2004 impõe a distribuição imediata dos processos (art. 93, XV) e a razoável duração do processo (art. 5º, LXXVIII). A excessiva duração do litígio atinge a garantia do devido processo legal (José Rogério Cruz e Tucci. *Tempo e processo*, RT, 1998; Luiz Guilherme Marinoni, Garantia da tempestividade da tutela jurisdicional e duplo grau de jurisdição. In: *Garantias constitucionais do processo civil*, RT, p. 207). Tal diretriz está na Convenção Americana de Direitos Humanos, de 1969, em vigor, no Brasil, com o Decreto nº 678/1992:

> Toda pessoa tem direito a ser ouvida com as devidas garantias e dentro de um prazo razoável (art. 8º, § 1º).

6. Na etimologia, *privilégio* significa *lei excepcional*, concernente a um particular ou a poucas pessoas (*privilegium* – *privus* e *lex*). Já *prerrogativa* vem de *prerogare*, pedir logo, no princípio, mas Ulpiano igualava a prerrogativa ao privilégio.

Formalmente, a Constituição impõe o princípio da isonomia, onde todos são iguais perante a lei. A regra da igualdade impõe sempre a igualdade das partes. Isso leva a impedir que uma parte, por motivos alheios à sua vontade, não possa defender-se, como é o caso do incapaz, do réu preso, do revel citado por edital. A ela dá-se assistência para poder igualar-se à outra parte, ocorre então a chamada igualdade real.

O certo seria a inexistência do privilégio ou da prerrogativa. Ocorre, porém, que o interesse público faz nascer a prerrogativa para atender a uma gama de situações diversas das individuais que levam ao privilégio.

O princípio da igualdade já se achava consagrado na Carta Imperial de 1824, ao consignar que a lei seria igual para todos, quer protegesse ou castigasse (art. 179, nº 13), regra repetida em 1891, numa singular expressão: todos são iguais perante a lei (art. 72, § 2º). João Barbalho interpretou essa disposição constitucional como diretriz para a obediência aos direitos assegurados pela Constituição, e nesse ponto a igualdade para todos os indivíduos (*Constituição co-*

mentada, 1902, p. 303). Essa concepção ficou, em parte. Observa Luiz Fux a impossibilidade da criação de regras processuais para uma parte. Haverá desigualdade (*Curso de direito processual civil*, p. 229). Da mesma forma, os prazos devem obedecer ao princípio da igualdade (Cândido Rangel Dinamarco. *Instituições de direito processual civil*, II/555). Acentuou-se a gradativa superação dos privilégios processuais do Estado (STF, ADIn 1.910 [MC]).

Quando a Constituição assegura os direitos individuais, ela o faz igualmente a todos os indivíduos que se achem nas mesmas condições. Francisco Campos, ao analisar a igualdade perante a lei, argui sobre o destinatário do mandamento constitucional. Ele se dirige às autoridades incumbidas da aplicação da lei ou é norma endereçada ao legislador? Responde com convicção que o destinatário é o legislador, e, em consequência, a legislação encontra no princípio constitucional da igualdade a primeira e mais fundamental de suas limitações (*Direito constitucional*, II/30, 1956). Celso Antônio Bandeira de Mello é mais extensivo em seu pensamento sobre a matéria, para admitir o preceito voltado quer para o aplicador da lei, quer para o próprio legislador, porque a norma constitucional é aplicada a todos os indivíduos, mas a lei sujeita-se ao tratamento equânime às pessoas (*O conteúdo jurídico do princípio da igualdade*, São Paulo, 1978, p. 13; San Tiago Dantas. *Problemas de direito positivo*, 1953, p. 57 e *RF* 116; Manoel Gonçalves Ferreira Filho. *Curso*, p. 237).

A igualdade perante a lei distingue-se da igualdade na lei. A primeira significa a obediência das normas jurídicas gerais aos casos concretos, segundo o estabelecido por elas (isonomia formal). A segunda não admite que as normas jurídicas tragam distinções não admitidas pela própria Constituição, isto é, tanto o legislador quanto o aplicador da lei não poderiam desigualar (Seabra Fagundes. *O princípio constitucional da igualdade perante a lei e o Poder Legislativo*, *RT* 235/3; José Afonso da Silva. O advogado perante o princípio da igualdade, *Anais da VI Conferência da OAB*, p. 335, Salvador, 1976). Acentua José Afonso da Silva:

> A concepção de que o poder da igualdade perante a lei se dirige primariamente ao legislador acresce a importância da igualdade da justiça ou igualdade jurisdicional. Pois se o princípio se dirigisse apenas ao aplicador da lei, bastava-lhe respeitar o princípio da legalidade e o princípio da igualdade estaria salvo.
>
> Dirigindo-se ao legislador, o próprio princípio impõe, ao judiciário, o dever de verificar, quando devidamente invocado, se foi respeitada a regra da isonomia traduzida na Constituição (p. 339).

Igualdade perante o juiz (igualdade de justiça ou igualdade jurisdicional). Paulino Jacques chama de igualdade de jurisdição, decorrente da sujeição de todas as pessoas à mesma jurisdição, não havendo juízes e tribunais de exceção (*Da igualdade perante a lei*, p. 159). Já a jurisdição política, denominação atribuída por Hauriou, ocorre quando o Poder Legislativo julga os crimes de responsabilidade, nem por isso haverá desigualdade.

Vejamos a casuística.

A primeira novidade infringente do princípio da isonomia é relativa a prazos, daí aplicar-se o tratamento desigual aos desiguais, para quadruplicar o prazo para a contestação e duplicar o prazo para recorrer, da Fazenda Pública. Pedro Baptista Martins e Pontes de Miranda justificaram essa prerrogativa no avultado complexo da Administração Pública, que se socorre de informações com grandes dificuldades, pois, muitas vezes, os dados ou documentos não estão acessíveis. A tônica do interesse público já está acentuada nos publicistas, e eles não podem ser esquecidos para o embasamento dessa prerrogativa, como tal só pode existir no interesse público.

Ada Pellegrini Grinover observa que não há inconstitucionalidade na dilatação do prazo, e sim em sua enormidade (*Os princípios constitucionais e o código de processo civil*, p. 33). Dentro da regra dos prazos especiais para a Fazenda Pública, perguntam-se dúvidas.

Os embargos de declaração podem ser opostos a decisões de primeiro grau no prazo em dobro? A primeira observação decorre de considerá-los como recurso. Logo, teria cabimento (ver opinião favorável de Ada Pellegrini Grinover, *Os princípios constitucionais e o código de processo civil*, p. 36). A contestação, ou melhor, a defesa escrita ou oral, no antigo procedimento sumário, era oferecida em audiência, realizada em prazo não inferior a 30 dias (CPC/1973, art. 277). Logo, o juiz pode marcar a audiência além de 30 dias após a citação. Daí se infere a não rigidez desse prazo, que poderá ser facilitado pela fixação do juiz. Ademais, se a Fazenda tiver 40 dias, da citação à audiência, torna-se letra morta o disposto no art. 281 do CPC (1973), que mandava proferir em 10 dias a sentença (ver opinião favorável de Ada Pellegrini Grinover, op. cit., p. 35; Benefício de prazo, *Revista Juriscível do STF* 63/37; Sérgio Ferraz, Igualdade processual e os benefícios da Fazenda Pública, *Revista da Procuradoria-Geral do Estado de São Paulo* 13/421).

Outra questão relevante excepcional do princípio da isonomia refere-se ao duplo grau de jurisdição nas sentenças proferidas contra a União, Estado e Município, ou que julguem improcedente a execução de dívida ativa da Fazenda Pública (CPC/2015, art. 495). A nosso ver, além de uma excrescência, é também uma desigualdade, pois essas pessoas jurídicas têm corpo de defensores habilitados às defesas. Argui-se com a possível fraqueza ou desinteresse do defensor da Fazenda em recorrer. Não é argumento jurídico simples constatação de inépcia administrativa, passível de correção na estrutura. Não se pode, *a priori*, colocar sob suspeita o servidor em todos os graus, senão a Administração ficaria totalmente desacreditada. Pior solução foi dada pelo Decreto-Lei nº 474 dispondo que nas causas para cobrança da dívida ativa de valor inferior a 10 vezes o maior salário-mínimo vigente no País somente haveria recurso ordinário se a Fazenda fosse vencida, logo só a Fazenda poderia recorrer. Por maioria, o STF não a considerou inconstitucional (RE 82.594). Sustenta, portanto, para a defesa do duplo grau necessário, que a sentença é complexa de natureza condicional, quando submetida ao duplo grau. É uma tradição histórica brasileira que Gouvêa Pinto mostrou muito bem. Nas sentenças proferidas contra a Fazenda Nacional, em causas de valor acima de 200 mil réis, haveria apelação *ex officio*, por força da Lei de 29.11.1841 (Gouvêa Pinto. *Manual de apelações e agravos*, p. 52, 1914; Paulo Cézar Aragão. "As autarquias e o duplo grau de jurisdição obrigatória, *Revista de Direito da Procuradoria-Geral da Justiça do Rio de Janeiro* 2/65; Moniz de Aragão. Revisão *ex officio* de sentenças contrárias à Fazenda Pública, *Ajuris* 10/147, Porto Alegre). Em termos de privilégio processual, invoca-se o privilégio da primeira penhora, inexistente para o crédito tributário. Ele é privilegiado entre créditos iguais. O privilégio da Fazenda decorre do direito material.

Não se revela desigualdade quando o Poder Público oferece garantias com sua estrutura (arresto concedido, sem justificação prévia, quando requerido pela União, Estado ou Município; art. 488, parágrafo único – dispensa do depósito na ação rescisória, quando a ação é proposta pela União, Estado, Município ou Ministério Público; art. 968, § 1º (2015) – execução contra a Fazenda Pública; – a ação anulatória de débito fiscal não impede a cobrança do tributo).

7. O princípio da coisa julgada está na Constituição dirigindo-se ao legislador. A lei não prejudicará a coisa julgada, isto é, não poderá atingir a sentença que fez coisa julgada. A sentença não pode atingir a coisa julgada, não pelo princípio constitucional da intangibilidade da *res judicata*, mas porque o legislador em atenção a esse princípio inseriu no Código de Processo Civil a regra da invulnerabilidade da coisa julgada (CPC/2015, art. 494) (ver opinião do Min. Leitão de Abreu, *RTJ* 83/517).

A sentença é expressão da vontade do Estado e não das suas premissas lógicas. Estas são desenvolvidas pelo juiz nos motivos da sentença e como garantia dos cidadãos. Os motivos decorrem do dever de fundamentar a sentença que conduz ao pensamento do juiz, mas esses motivos não fazem coisa julgada. Para Savigny (*Sistema do direito romano*, v. 6.) a força da coisa julgada atingia também os motivos objetivos considerados como parte integrante da sentença. Por essa diretriz, o Código de 1939 constituía coisa julgada os motivos da sentença quando servissem de premissa às conclusões (art. 287), orientação que não foi seguida pelo Código de Processo Civil de 1973, que explicitamente não admite a coisa julgada dos motivos, ainda que importantes, para determinar o alcance da parte dispositiva da sentença (art. 469).

A Constituição Federal alude à coisa julgada formal e material, porque esta abrange a outra (Pontes de Miranda. *Comentários à Constituição*, art. 153, § 3º, 1969).

São várias as razões para a garantia constitucional da coisa julgada, entre elas a certeza, segurança, paz social e prevenção de litígios futuros, evitando o que disse Paulo, o *litium multiplicatus*.

A regra do respeito à coisa julgada é ordem constitucional, e o reafirma Pontes de Miranda:

> A força da sentença é estatal, não há dúvida; mas estatal processual, e não material. Quando se fala de força material da coisa julgada alude-se a fato da vida pós-processual, de fronteiras entre direito processual e direito material, porém, nunca invadente desse. A vedação de ofender ao julgado ainda é de ordem formal, de processualística e dirigida aos juízes. Se a lei constitucional proíbe normas que ofendam a coisa julgada (formal e, em consequência, material), essa proibição é de direito constitucional, sem que para ela concorra o direito processual; exceto quanto ao conceito de coisa julgada, na falta de conceito estabelecido pelo próprio direito constitucional" (Pontes de Miranda. *Tratado das ações*, 2ª ed., I/251).

8. Como a Constituição assegura a intangibilidade do direito adquirido, deduz-se que a lei processual não poderá impor regras prejudiciais ao direito adquirido, do ponto de vista processual.

9. A Constituição assegura regras de incolumidade que tornam imunes a sua intimidade e a inviolabilidade de seus direitos individuais - art. 5º, X (intimidade). É inviolável o sigilo da correspondência e das comunicações telegráficas e telefônicas (art. 5º, XII). A casa é o asilo inviolável do indivíduo. Não se pode atingir sua intimidade, seu repouso, seu descanso. Tudo isso no terreno processual nos conduz a impedir qualquer ato ou diligência processual que torne nulos esses direitos e garantias. Mais se acentua no âmbito probatório, quando se impede qualquer meio ilícito ou violento, absurdo ou impossível. Por isso, todos os meios legais, bem como os moralmente legítimos, podem provar a verdade dos fatos. Ainda que admitido em lei, esse meio pode violar a Constituição, e ainda que não permitido por lei, pode ser moralmente impedido. Por esses motivos, o Supremo Tribunal não admitiu prova gravada obtida sub-repticiamente. O marido, na tentativa de obter provas para futura separação judicial, com base em adultério, passou a gravar as conversas telefônicas de sua mulher. O STF reputou ilegal e imoral esse meio probatório (RE 85.439, *RTJ* 84/612) (Ada Pellegrini Grinover. *As garantias constitucionais do direito de ação*, p. 104; Enrique Vescovi. Provas ilícitas, *Revista da Procuradoria-Geral do Estado de São Paulo* 13/359; v. art. 5º, LVI - repúdio a provas ilícitas).

A lei não pode instituir formas que tornem ilusórios os princípios constitucionais e as garantias que a Constituição assegura aos indivíduos. Se a correspondência não pode ser violada, logo qualquer ato judicial ou medida que importe na violação da correspondência será inconstitucional (*verbi gratia*, perícia na correspondência individual); violação do domicílio (*verbi gratia*, atividade do oficial de justiça). Essas regras também não podem atingir medidas razoáveis e racionais do exercício da atividade judiciária. Já se arguiu a inconstitucionalidade de dispositivo processual que impede o reconhecimento do domínio na pendência do processo possessório. Haveria infringência ao direito de propriedade. No entanto, a própria Constituição limita o direito de propriedade (STF, RE 87.344- DF, 16.10.1978). O Supremo Tribunal enfrentou a utilização da prova ilícita à luz do devido processo legal, considerando essa inviabilidade como a projeção da inadmissibilidade dessas provas, como garantia da pessoa do acusado. A prova ilícita não poderá ser admitida no processo, porém, essa ilicitude não se transmite a outras provas válidas (Inq. 657, *RTJ* 155/92). Esse tema foi amplamente discutido pela Suprema Corte americana, desde a admissão das provas ilegais, até a proibição (1961) baseada na cláusula *due process* (Leda Boechat Rodrigues. *A Corte de Warren*, Civilização, 1991, p. 203).

10. A fundamentação da sentença.

> A fundamentação da sentença é sem dúvida uma grande garantia de justiça quando consegue reproduzir exatamente, como num le-

> vantamento topográfico, o itinerário lógico que o juiz percorreu para chegar à sua conclusão, pois, se esta é errada, pode facilmente encontrar-se, através dos fundamentos, em que altura do caminho o magistrado se desorientou (Calamandrei. *Eles, os juízes, vistos por nós, os advogados* – § X).

A explicitação de um pensamento é forma de demonstração do raciocínio lógico. Para informar-se da orientação para solucionar-se um conflito, o árbitro da contenda deve explicar as razões do seu convencimento, até para convencer o vencedor das razões da sua vitória. Uma decisão sem lastro de convencimento não significa um juízo e, portanto, vale como força. No Estado de Direito, em que os valores devem ser equilibrados, sem pendores unilaterais, a Justiça torna-se exata, no momento da afirmação de um pensamento. A fundamentação desse pensamento deve ser clara e objetiva. Já se estabeleceu entre os romanos o *fundamentum*, significando a firmeza, o fortalecimento. Mais alicerçada, mais forte será a decisão se ela tem os fundamentos. Estes são calcados nos motivos, nas razões de decidir. Motivar uma decisão significa, portanto, dar os motivos, a *ratio decidendi*.

Motivar as decisões, e principalmente as decisões judiciais, tornou-se apanágio do Estado Democrático latino. Assim a Organização Judiciária francesa de 1790 (art. 15) impôs a exigência aos juízes da demonstração das razões de julgar, pois deveriam ser dadas à publicidade, princípio ratificado pelo *Code de Procédure Civile* (1807, art. 141).

A regra ficou e inseriu-se nas codificações processuais modernas. O Código português (art. 659, 1961) impõe a descrição analítica da sentença com o relatório, a exposição do pedido e da defesa, a descrição da causa, com detalhes procedimentais. Da mesma forma, exige o Código italiano (art. 132) indicando o conteúdo da sentença, bem como o Código francês (art. 455): "*Il doit être motivé*".

A importância da motivação da sentença cresce na Constituição italiana, que a impõe expressamente (todas as decisões judiciais devem ser motivadas – art. 111). Já na Alemanha, ela decorre do direito constitucional de qualquer pessoa ser ouvida em juízo (Constituição alemã – art. 103.1).

Para o Direito brasileiro a exigência da motivação vem das Ordenações Filipinas:

> E para as partes saberem se lhes convém apelar ou agravar das sentenças definitivas, ou vir com embargos a elas, e os juízes da mor alçada entenderem melhor os fundamentos, por que os juízes in-

> feriores se movem a condenar, ou absolver, mandamos que todos nossos Desembargadores, e quaisquer outros julgadores, ora sejam letrados, ora o não seja, declarem especificamente em suas sentenças definitivas, assim na primeira instância, como no caso da apelação ou agravo, ou revista, as causas, em que se fundaram a condenar ou absolver, ou a confirmar ou revogar (Livro III, Título LXVI, § 7º).

Essa regra filipina foi para o Regulamento 737, impondo ao juiz a motivação da decisão (art. 232).

Os Códigos estaduais não fugiram a essa orientação, nem o nacional de 1939. No Código atual ela se apresenta em várias passagens: o juiz indicará, na sentença, os motivos que lhe formaram o convencimento (art. 131) requisito essencial da sentença, que deve ser fundamentada (art. 458, II), e até os despachos interlocutórios serão fundamentados, ainda que de modo conciso. A motivação é imposta ainda nos processos originários da competência dos tribunais (Rec. Extr. Crim. 85.703, *RTJ* 86/619 – não se admitiu a decisão em sessão secreta). Na ADIn 2.970, o STF declarou a inconstitucionalidade de dispositivo regimental que determinava a sessão secreta em julgamento penal originário (DJ, 12.05.2006).

Em suma, a decisão motivada aponta o entendimento das razões do juiz, que é imparcial, e torna essa decisão (Taruffo. *La motivazione della sentenza civile*; J. C. Barbosa Moreira. A motivação das decisões judiciais como garantia inerente ao Estado de Direito, *Revista Brasileira de Direito Processual* 16/111) (ver a obrigação de todos os julgamentos públicos e fundamentados (Emenda Constitucional nº 45/2004).

É importante destacar numa motivação, em segundo grau ou superior, a utilidade do voto vencido.

A personalidade do magistrado reflete-se invariavelmente na substância dos seus votos e sentenças. Mas, destaca-se a opinião do juiz no externar suas convicções, por vezes, afirmando posições, vencido. Assim, o voto vencido nos tribunais tem demonstrado pelos tempos afora a sua importância, porque dissentindo do quotidiano lança novas posições, abre clareiras na floresta imensa da lógica, permitindo novos esclarecimentos, construindo pontos de partida de novos conceitos e situações. Esses votos vencidos são inúmeras vezes prenúncios de novas orientações legislativas. Esta importância dada aos votos vencidos foi acentuada na Corte Suprema Americana na fase do "Governo dos Juízes" (1895-1937) diante das posições excepcionais de Holmes, Brandeis e Cardozo; os famosos *dissents*.

Em nossa Corte Suprema os votos vencidos, por vezes, foram precursores de futura jurisprudência. Destacam-se entre os maiores contribuintes à formação da jurisprudência nacional e precursores de reformas legislativas três dos maiores magistrados que ocuparam curul no STF: Pedro Lessa, Filadelfo Azevedo e Orosimbo Nonato.

Pedro Lessa trouxe a sua parcela como jurista e professor, por meio da sua combatividade, arrostando as velhas teorias e práticas. Assim foi na interpretação extensiva do conceito de *habeas corpus* como inserido na Constituição de 1891. Pedro Lessa pretendeu ir além da garantia do direito de liberdade de ir e vir, assegurando a liberdade de locomoção como pressuposto do exercício do Direito ilegalmente cerceado ou ameaçado. Assim votou no caso da Mesa da Assembleia do Estado do Rio, e no caso do Conselho Municipal do Distrito Federal.

Lessa pretendia que o Direito fosse líquido e certo para proteger a liberdade individual no sentido da liberdade de locomoção, também para a defesa do direito ao exercício de determinada atividade. Lançava-se aí a semente de um dos mais utilizados remédios jurídicos para a garantia do direito líquido e certo, o mandado de segurança, que encontra suas raízes nos votos vencidos, nas opiniões isoladas de Pedro Lessa.

Outra figura primacial foi Filadelfo Azevedo, que levou à E. Corte as manifestações jurídicas de originalidade e coragem incentivando contra as tendências conservadoras do Tribunal. Filadelfo Azevedo destacou sua atuação no E. Pretório numa seara das mais importantes do arcabouço jurídico, fonte disciplinadora das atividades privadas e hoje, também públicas: a responsabilidade civil do Estado.

Pelo art. 15 do Código Civil, a responsabilidade civil do Estado estava condicionada à prova de culpa dos funcionários no exercício de atividade representativa do Estado, após larga conceituação de irresponsabilidade estatal por ato de seus funcionários.

Filadelfo Azevedo assentou em voto vencido, as premissas da evolução neste assunto. Apresentou um estudo histórico do problema, desde o bombardeio da Bahia (1912), da revolta do Forte de Copacabana (1922), revolta de São Paulo (1924) etc., para fundar seu ponto de vista da responsabilidade civil do Estado com fundamento na teoria do risco. Suas ideias frutificaram na Constituição de 1946 (art. 194) e na de 1967, no art. 107.

Outra posição notável foi a de Orosimbo Nonato, que apontou à doutrina e à vida jurídica brasileira todo seu inesgotável saber através do seu inconformismo intelectual expresso nos seus notáveis votos vencidos, principalmente em sua fase inicial no STF, com extraordinária contribuição.

Destarte, Orosimbo Nonato deu à responsabilidade civil do preponente por ato do preposto as dimensões modernas e científicas. Entre outros votos memoráveis, plantou as raízes esclarecidas de nova doutrina e nova posição jurídica que veio a consubstanciar-se na Súmula nº 341.

A opinião divergente é tão democrática e útil como a opinião convergente, porque ela expressa uma vontade, e deve ser aquela convicção útil e importante para uma decisão. Será, então, útil ao debate, e ao futuro de uma linha interpretativa. Será então, tão convincente a abalar a maioria numa linha majoritária.

Na Suprema Corte americana o mais famoso voto vencido foi Oliver Holmes, talvez um dos mais importantes daquela Corte. Lá, os famosos dissentes sempre foram respeitados e ouvidos, na fixação de futuras diretrizes, como aconteceu com Holmes, ao despertar a Corte para as diretrizes do *due processo of law,* ou da liberdade. Venceu, no futuro, nas suas teses, que vieram para estudos expressivos (*The essential Holmes* – com introdução de Richard Posner e Justice from Beacon Hill, de Liva Baker), profunda biografia de Holmes e seu tempo, onde ele foi chamado de D'Artagnan, como o espadachim vibrante de sua opinião contrária e vencida.

A opinião contrária não pode ser apenas oposição, insistência e simples contrariedade sem convicção, mas convicção e seriedade.

O voto vencido vale como opinião, e não impugnação.

No Senado Federal houve um senador que, sistematicamente, votava contra indicações (ministro do Supremo Tribunal, embaixadores), assinalava a necessidade desse voto contrário para impedir a unanimidade, esse era voto de impugnação, e não de convicção.

11. A Constituição assegura aos litigantes (em 1969 – acusados) ampla defesa (art. 5º, LV). Dir-se-á que a regra dirige-se para o processo penal, administrativo ou fiscal. Assim pensa Pontes de Miranda. No entanto, essa restrição deve ser ponderada. O fato de alguém ser acusado não leva fatalmente a entender-se incriminação penal. Na tradição constitucional brasileira essa diretriz era para o processo penal, tanto que desde 1824 falava-se em prisão, culpa formada, nota de culpa, expressões não mais usadas no texto atual. A Constituição italiana considera direito inviolável a defesa em todos os graus de procedimento (art. 24). O Direito italiano usa a expressão *convenuto contumace* no sentido de réu revel, como se depreende do ensinamento de Liebman:

> Contumace è più propriamente, la parte che non si è costituita nel processo, cioè quella che non ha provveduto a legitimare il suo difensore, o se stessa in tale qualità, nei casi consentiti presso il giudice della causa (*Manuale di diritto processuale civile*, II/170, 1974).

Chiovenda, ao tratar da revelia, também usa a expressão "réu contumaz", no sentido de revel (*Instituições*, III/149, 1965). Enfim, para o Direito italiano, a contumácia é o não exercício da faculdade de agir, como expressa Sergio Costa (*Novìssimo digesto*, IV/774).

A bilateralidade está inscrita no próprio conceito de justiça, como observa Giorgio Del Vecchio (*La justicia*, p. 72). É regra contida na parêmia *audiatur et altera pars*, ninguém pode ser demandado sem ser ouvido. Isso vem de longe.

Aristófanes: "Como era sábio aquele que disse: não julgues sem ter ouvido ambas as partes".

O direito assegura ao indivíduo um direito processual de defesa, e não um direito substantivo na resposta.

12. O advogado é figura indispensável. De longe os advogados defendem o direito de sustentação oral nos tribunais, após voto do relator, assim consagrado no art. 7º, IX, da Lei nº 8.906. Entretanto, o STF declarou a inconstitucionalidade desse dispositivo (ADIn 1.105 e 1.127).

A Constituição Federal é expressa na adoção do princípio do devido processo legal (art. 5º, LIV). Ele se estendeu a outras situações jurídicas como a importância do advogado (art. 133), aquele único com capacidade postulatória (CPC, art. 103). Veja-se, ainda, que a advocacia entra entre as funções essenciais à Justiça (CF, art. 127).

Vê-se na Magna Carta de 1215 que nenhum homem poderia ser detido senão em virtude de uma decisão legal (*per legale judicium inorum*), isto é, do juiz competente, e segundo a lei do país (*judicium per legem terre*), lei preexistente.

A igualdade é a base do princípio do contraditório (Carnelutti. *Diritto e processo*, p. 100).

É uma garantia político-constitucional do indivíduo. É um meio técnico de que a lei se vale para a condução do processo e garantir os fins da Justiça. As partes interessadas é que devem fornecer a matéria de fato válida, a definir a instrução.

No contraditório se concretiza uma garantia da parte, da sua igualdade e de seu direito.

Ninguém pode ser julgado sem ser ouvido é um postulado democrático. A Constituição dirige o princípio do contraditório ao processo penal, e não ao processo civil. O direito ao contraditório, no processo civil, é assegurado constitucionalmente numa decorrência da igualdade de todos perante a lei, e esta não exclui o direito de a parte defender-se. O direito de defesa é intrínseco ao processo democrático (art. 5º, LV) – (AJ 69.523, *RTJ* 82/732).

O contraditório não se exaure na resposta, na contestação, também se estende a outros atos processuais que impliquem a defesa. Se a parte requer determinadas medidas, e elas são negadas sem explicação, cerceia-se a defesa e impede-se o contraditório. Se a parte solicita do juiz certas medidas, como requisição de processo, certidões, informações etc., e elas são denegadas pelo juiz, há cerceamento de defesa (RE 83.759, *RTJ* 84/556). Amplo debate causado pelas medidas cautelares e tutelas antecipadas, como se vê em relação às medidas de urgência sem condições de sobrevivência (José Ignácio Botelho de Mesquita – prefácio do livro de Tércio Chiavassa. *Tutelas de urgência*, Quartier Latin, p. 20). Na avaliação da tutela antecipada o juiz analisa o conflito de interesse, dando prevalência aos valores maiores, com relevo e expressão (João Batista Lopes. Tutela antecipada: reversibilidade dos efeitos do provimento e princípio da proporcionalidade, *RT* 815/93). A concessão de tutela antecipada, com a possibilidade de ser irreversível, torna impraticável a reposição da situação, com ofensa ao devido processo legal (Cândido Rangel Dinamarco. *Nova era do processo civil*, 2004, p. 102; Humberto Theodoro Júnior. A garantia fundamental do devido processo legal e o exercício do poder de cautela no direito processual civil, *RT* 665/11).

Daí a importância que é dada à citação para atender-se ao direito de defesa. Sem a citação, o réu seria sempre vítima da violência ou surpresa, disse-o Paula Baptista (*Compêndio de teoria e prática do processo civil*, 7ª ed., p. 105).

Já abordamos as hipóteses do chamamento do réu pela citação. Ela é a garantia da defesa na posição em que se colocará diante da demanda. Se houver a citação – e diz a lei, citação válida, porque, ainda paradoxal a expressão, a citação pode ser feita com vícios – e não houver resposta do réu? A revelia pode configurar-se, ou não, porquanto o juiz pode verificar a não ocorrência do efeito da revelia.

A regra insculpida no CPC deve ser vista com cautela, *juris tantum*, diz: se o réu não contestar a ação, reputar-se-ão verdadeiros os fatos afirmados pelo autor, em outras palavras, a pena de confesso. Não se admite a autoincriminação que não seja voluntária ou espontânea. A não autoincriminação é um direito que decorre da V Emenda à Constituição americana (*privilege against self-incrimination*), decorrente da noção de liberdade e de propriedade. Acentuou-se em julgados da Suprema Corte e, mais recentemente, no *Mallory v. Hogan*, 378, V. S. 1 (1964).

Essa não autoincriminação tem origem na máxima "Ninguém é obrigado a acusar-se" (*nemo tenetur prodere accusare se ipsum*), muito invocada na Inglaterra no século XVI contra os tribunais eclesiásticos (Edward S. Corwin. *A Constituição norte-americana e seu significado atual*, p. 259; Humberto Theodoro Junior. *A execução da sentença e a garantia do devido processo legal*, AIDE, 1987).

13. É frase de efeito o acesso ao Poder Judiciário sem os meios para o cumprimento dessa faculdade. As dificuldades econômicas ou sociais impedem o desejo de solver um conflito de interesses ou exigir um direito. O Estado deve dar os meios necessários ao necessitado, ao desvalido, ao débil economicamente que tem um direito.

A Constituição de 1934 instituiu a concessão de assistência judiciária aos necessitados, criando órgãos especiais e assegurando a isenção de emolumentos, custas, taxas (art. 113, nº 32). Esse direito ficou assegurado nas Constituições posteriores, na forma da lei (Constituição de 1969, art. 153, § 32). A Lei nº 1.060, de 05.02.1950, estabeleceu normas para a concessão de assistência judiciária aos necessitados. Esse diploma legal considera necessitado todo aquele cuja situação econômica não lhe permita pagar as custas do processo e os honorários do advogado, sem prejuízo do sustento próprio ou da família.

Há distinção entre assistência judiciária e justiça gratuita. Esta acarreta a dispensa provisória de despesas, deferida pelo juiz. A assistência judiciária é ordenamento estatal, com indicação de defensor (Pontes de Miranda, *Comentários à Constituição de 1969*, p. 642).

A gratuidade da justiça decorre do Estado social. Surgiu na Revolução Francesa, mas com a ideia de que a parte não compensaria o juiz, daí a regra constitucional de que o juiz não terá participação nas custas (art. 114, II).

A Constituição de 1988 ampliou a assistência não somente judiciária, também jurídica, significa que até no processo administrativo essa assistência deve ser efetuada (art. 5º, LXXIV).

14. Um comentarista da Constituição Imperial criticava a existência das Relações (Tribunais de Justiça), efetivamente juízos de segundo grau. Assim fazia argumentando com as distâncias e as dificuldades para a remessa dos autos. Mas observava:

> Todos os publicistas reconhecem a necessidade de se dividir o poder judicial em diferentes graus de jurisdição, a fim de se prevenirem não os males provenientes da corrupção e má-fé dos juízes, porém, sim, os que procedem da precipitação dos julgamentos e do erro a que estão sujeitos todos os homens (José Carlos Rodrigues, Rio de Janeiro, 1863, p. 128).

O argumento não é suficiente para a instituição do duplo grau de jurisdição. Os erros podem ser cometidos em vários graus. Ao lado da perfeição é necessário dar-se celeridade e mobilidade ao processo, evitando-se a perpetuação de demandas, em desprestígio ou desinteresse pelas soluções a final dadas.

Evidente o aprimoramento de uma decisão se ela é revista por outras pessoas ou órgãos, no caso, os tribunais. Não significa, no entanto, barreira intransponível à exclusão desse duplo grau em determinadas causas (Chiovenda. *Instituições*, 2ª ed. bras., II/99; Hélio Tornaghi. *Comentários ao código de processo civil*, 1/317, Calmon de Passos. O devido processo legal e o duplo grau de jurisdição, *RF* 277/1; Luiz Guilherme Marinoni. Garantia da tempestividade da tutela jurisdicional e duplo grau de jurisdição. In: *Garantias constitucionais do processo civil*, Saraiva, 1999, p. 215).

No Brasil algumas exceções já foram consideradas ao duplo grau de jurisdição. No Código de Processo Civil (1939), nas causas de valor até dois salários-mínimos não se admitia apelação.

O princípio do duplo grau de jurisdição não está inscrito em nenhuma regra constitucional, apenas deduz-se da estrutura constitucional da duplicidade de pronunciamentos que o mesmo pertence à estrutura do Poder Judiciário, entretanto, sempre possível, deve ser observado como exigência do devido processo legal (Nelson Nery Jr. *Princípios fundamentais – Teoria geral dos recursos*, 5ª ed., p. 43; Carlos Alberto Alvaro de Oliveira. O juiz e o princípio do contraditório, *Revista de Processo* 71/30).

Poderia entrever-se o duplo grau de jurisdição na Constituição, no capítulo referente aos órgãos do Judiciário (tribunais e juízes) em forma hierárquica. No entanto, é ilação e não afirmação, pois, em muitos casos, não há obediência a esse princípio, como nos feitos originários (*verbi gratia*, mandado de segurança contra ato de Presidente da República). Talvez essa impressão venha da Carta Imperial, que em seu art. 158 dispunha: "Para julgar as causas em segunda e última instância haverá nas províncias do Império as relações que forem necessárias para comodidade dos povos".

Enfim, o desejo da justiça plena e perfeita é um ideal. Mas não é o reexame que impõe o selo da veracidade, da correção. Já Ulpiano observava que a instância superior reformava para pior, em muitos casos (*neque enim utique melius promitiat, qui novissimus sententiam laturus est*, Dig. 49, 11 - L. I, de *Appelationibus*). Como acentua Alcides de Mendonça Lima, há no recurso uma finalidade eminentemente política, como meio de resguardar as liberdades individuais contra o arbítrio, o despotismo e as fraquezas dos juízes de primeira instância (*Introdução aos recursos cíveis*, 2ª ed., p. 135, 1976; Chiovenda. *Instituições de direito processual civil*, 2/99, 2ª ed., 1965).

Há que observar a existência ou não da regra do duplo grau de jurisdição, para impô-la sempre, com a supressão da instância (grau), em julgamentos supressores. A segunda instância deve ater-se a essa regra de dualidade, que não pode ser supressora, isto é, não pode existir como forma de adotar-se o julgamento duplo. Se o segundo grau julga o mérito, quando se recorre somente da preliminar, e engloba num julgamento as duas apreciações, logo houve lesão à dualidade (ver RE 81.736, *RTJ* 74/621; STF, RHC 79785-7 - existência constitucional ou não).

15. Em conclusão, extrema-se o devido processo substantivo (amplamente visto na doutrina e jurisprudência americanas), do devido processo processual socorre-nos a palavra do Ronald Dworkin:

> O devido processo legal adjetivo diz respeito a procedimentos corretos para julgar se algum cidadão infringiu as leis estabelecidas pelos procedimentos políticos; se aceitarmos como virtude, queremos que os tribunais e instituições análogas usem procedimentos de prova, de descoberta e de revisão que proporcionam um justo grau de exatidão, e que, por outro lado, tratem as pessoas acusadas de violação como devem ser tratadas as pessoas em tal situação (Ronald Dworkin. *O império do direito*, Martins Fontes, p. 200).

5.B. EXCEÇÃO DE PRÉ-EXECUTIVIDADE

1. O título executivo é um requisito essencial à execução. Ele tem o condão da permissão de acesso ao Judiciário para exigir o cumprimento de uma decisão judicial (título executivo judicial) ou uma obrigação contraída (título executivo extrajudicial). Portanto, o título executivo é apenas elemento integrante da execução.

Qual a validade do título, e o seu prestígio para a execução? É relativo, se levarmos em conta defeitos do próprio título ou então de causas de apreciação independente do demandado, aquelas de ordem pública. Mas para superar o prestígio do título executivo, é preciso superar o chamado mito dos embargos do devedor, lastreado em tradicional jurisprudência não admissível de discussão do título ou outras impugnações a não ser mediante garantia do juízo e dos embargos do devedor (Cândido Dinamarco. *Execução civil*, 6ª ed., p. 451; Marcelo Lima Guerra. *Execução forçada*, Saraiva, p. 72 - sobre a " segurança do juízo" quando não há bens a oferecer, impedindo o direito de ação do devedor; Alberto Camiña Moreira. *Defesa sem embargos do executado*, Saraiva, 1998; Marcos Valls Feu Rosa. *Exceção de pré-executividade*, 2ª ed., Sérgio Fabris); Teori Albino Zavascki. *Título executivo e liquidação*, Saraiva, p. 82; Paulo Henrique dos Santos Lucon. Objeção na execução. In: *Processo de execução*, vol. 2, RT, 2001, p. 570), em outras palavras, é admissível a discussão do título ou da dívida, em medidas que não sejam os embargos do devedor. Esta é uma linha envolvida com o devido processo legal, com amparo no princípio do contraditório, da ampla defesa, do direito de propriedade, e do princípio da proporcionalidade.

2. Em 1966, Pontes de Miranda foi pioneiro na afirmação da tese da exceção pré-processual na execução, antes da penhora. No caso concreto, arguiu-se a falsificação dos títulos, com demonstração pericial, assinado por outrem. E afirmava mais, todas as exceções processuais podem ser usadas pelo executado (*Dez anos de pareceres*, vol. 4, p. 17).

Assim ocorreu na vigência do CPC de 1939. Neste trabalho foi usada a expressão exceção de pré-executividade, para aquelas outras possibilidades de defesa além dos embargos. O Juiz tem de decidir se há executividade do título, porque está em exame a pretensão à execução, e não o mérito da causa. E por quê? Uma vez que houve alegação que importa em oposição de exceção pré-processual ou processual, o juiz tem de examinar a espécie e o caso, para que não se cometa a arbitrariedade de penhorar bens de quem não estava exposto à execução. Já na vigência do atual Código, Galeno Lacerda emitiu parecer constantemente invocado, ao admitir o oferecimento de exceções sem a penhora. E argumenta: um dos tabus processuais é a expressão "segurança do juízo", ou "juízo seguro pela penhora". Na execução direta de título extrajudicial, não há "juízo" a ser garantido. Se alguém necessita de segurança é o credor, e não juízo inexistente, argumentou Galeno (Execução de título extrajudicial e segurança do juízo, *Revista Ajuris* 23/7, Porto Alegre). Essa opinião de Galeno foi oferecida em demanda oriunda de São Paulo, que deu origem a um

Recurso Extraordinário, no STF, em 1985, sendo consagrada a possibilidade de impugnação do próprio despacho de citação do devedor (*rectius* – "cite-se"). Assim ocorreu. O devedor, ao argumento de que o título era ilíquido, porque não refletia a origem da dívida, e assim aquela cobrança não se cingia à nota promissória, e sim com vencimento antecipado de toda a dívida, agravou desse despacho, e o debate estabeleceu-se sobre essa tese. No Recurso Extraordinário nº 100.397-9, a 1ª Turma do STF, por maioria, acolheu a possibilidade da discussão. Venceu o voto do Ministro Oscar Corrêa, que se justifica:

> Não haverá mais título inexigível: basta que se inicie a ação de execução, se cite o devedor ainda não obrigado e se aguarde ou retarde o procedimento até a sentença de acolhimento da execução.

E diz sobre as conseqüências

> Sofre o devedor todos os riscos, danos e prejuízos da execução por título não vencido: e não só os das obrigações da defesa, como também os reflexos, de toda ordem na sua situação econômico-financeira e mesmo moral, imprevisível nas suas consequências.

3. Mais recentemente, vicejou a adoção da exceção de pré-executividade, e com isso, a discussão terminológica, desde a impropriedade do uso de exceção, com acepção processual especial, e assim deveria ser objeção de pré-executividade (Nelson Nery Jr. *Princípios do processo civil na Constituição*, p. 129), também objeção do executado (Cândido Dinamarco. *Execução civil*, p. 447). Por todos, vale o histórico do debate da terminologia em Paulo Henrique dos Santos Lucon. *Objeção na execução* e Eduardo Arruda Alvim. Exceção de pré-executividade. In: *Processo de execução*, vol. 2, RT, 2001, p. 213 e 569. Entretanto, a crítica mais contundente está em José Carlos Barbosa Moreira, para quem a denominação exceção de pré-executividade é infeliz. Diz – melhor seria, então, falar em "não executividade", e mais, – o problema não é de "antes" ou "depois": é de "sim" ou "não", e é essa alternativa, não a outra, que tem de refletir-se na nomenclatura (José Carlos Barbosa Moreira. Exceção de pré-executividade: uma denominação infeliz. In: *Temas de direito processual*, 7ª Série, Saraiva, p. 119). Para arrematar, a expressão *exceção de pré-executividade* está consagrada na jurisprudência, principalmente do Superior Tribunal de Justiça.

4. A exceção deve ser oferecida no prazo dado na citação, para alegação das matérias do CPC (Araken de Assis. *Manual do processo de* *execução*, 5ª ed, nº 167) já Galeno Lacerda entende a possibilidade a qualquer tempo (citação, item 3, *in fine*).

5. Discute-se se a exceção suspende a execução. Argui-se a negativa, no entanto, não parece prático e objetivo a não suspensão, porque o prosseguimento impõe oferta de bens, penhora e embargos. Se a exceção é aplaudida para evitar tudo isso, logicamente deve suspender. Dir-se-á que a exceção será instrumento de chicana para adiar o encerramento da execução. Para isso, há a condenação em honorários advocatícios (ver cap. 7) e até a litigância de má-fé. Se a exceção for rejeitada, cabe agravo, se acolhida a apelação (Araken de Assis. *Processo de execução*, 5ª ed., nº 167).

6. A sucumbência tem caráter objetivo, para evitar a diminuição do patrimônio do vencedor, quando se proclama sua razão (STF, RE 97.031, Rel. Min. Alfredo Buzaid) (Celso Agrícola Barbi. *Comentários ao CPC*), em Hélio Tornaghi, para quem o fato objetivo da derrota para o vencido, e para o vencedor a recuperação do cansaço, da luta, e o desgaste patrimonial, para o Estado o não emprego indevido do processo (*Comentários ao CPC*). Yussef Cahali justifica a condenação, com a equiparação da pretensão à do embargante sem depósito da coisa devida. Há incidente litigioso, que autoriza a imposição dos encargos (*Honorários advocatícios*, RT, 3ª ed., p. 992; STJ, REsp 195.351, Rel. Min. Sálvio de Figueiredo Teixeira; REsp 296.932, Rel. Min. Carlos Alberto Menezes Direito; Luiz Fux. *Curso de direito processual civil*, p. 988).

Examinada a exceção, são cabíveis honorários advocatícios, a título de sucumbência. Aqui, a condenação é pela procedência ou improcedência, revelando-se aplicação do princípio da igualdade, isto é, ambas as partes correm o risco da derrota na demanda, e sucumbência por isso. Tal diretriz é importante, a prestigiar a exceção, não mera aventura do executado, impediente da execução, porque a exceção seria uma trava, com a suspensão do processo de execução.

Ao lado da doutrina favorável à condenação desses honorários, a jurisprudência do Superior Tribunal de Justiça é uníssona, como se vê: sem apresentação de embargos, e portanto, a extinção deu-se por simples petição aos autos da execução (RE 9.765, Rel. Min. Eduardo Ribeiro).

7. Aplica-se ou não à execução fiscal? A negativa decorre do art. 16, § 3º, da lei nº 6.830 (LEF), que não admite exceções, salvo as de suspeição, incompetência e impedimentos. Ora, mas o CPC, menciona causas impeditivas, modificativas ou extintivas de obrigação. Em última forma, a exceção é resposta, por isso, a jurisprudência hoje é favorável à admissão da exceção na execução fiscal, sempre acentuando que ela não pode envolver questão de mérito. Como ocorreu em julgado do STJ, afirmando-se – " Nada impede que o executado antes da penhora se dirija ao Juiz, advertindo-o para circunstâncias prejudiciais (pressupostos processuais ou condições da ação) que ele possa conhecer e proclamar *ex officio*" (REsp 143.571, Rel. Min. Humberto Gomes de Barros, *Revista Dialética de Direito Tributário* 44/182). Ainda no STJ admitiu-se para a alegação pressupostos processuais ou condições da ação (RMS 9.980, Rel. Min. Ari Pargendler, *Revista Dialética de Direito Tributário*, 45/171). No TRF/1ª Região foi negada a possibilidade, pois demandava realizações de dilação probatória, ainda que reconhecesse, em tese, a possibilidade da exceção (ex.: pagamento, decadência) (Proc. 1997.01.00.010405-0, Rel.ª Juíza Eliana Calmon (*RDDT* 29/112). No TRF/5ª Região foi admitida exceção invocando prescrição (*RDDT* 51/148). Outras decisões admitiram para situações apreciáveis *ex officio* (TRF/1ª Região, Proc. 1999.01.00.055381-1, Rel. Juiz Cândido Ribeiro, *RDDT* 56/208; TRF/1ª Proc. 2001.01.00.012955-0, Rel. Juiz Luciano Tolentino, *RDDT* 71/215; TRF/4ª Região, Rel. Juiz Teori Albino Zavascki, *RDDT* 73/193; TRF/4ª, Proc. 2001.04.01.046585-2, *RDDT* 74/202 (arguição de decadência). Se a prescrição pode ser alegada em qualquer instância (CPC – art. 162), pode ser arguida na execução fiscal (TRF/1ª Região, Proc. 95.01.29498-6, Rel. Juiz Hilton Queiroz); a prescrição pode ser objeto de exame desde que suficientemente comprovada e sem dilação probatória (TRF/1ª Região, Proc. 1999.01.00.105665-9, Juiz Luciano Tolentino, *RDDT*, 78/232). Se já houve a declaração inconstitucionalidade pelo STF, pode ser alegada em exceção (TRF/1ª Região, Proc. 96.01.41886-5, *RDDT* 78/231); se ficar evidente a inviabilidade do processo (TRF /2ª Região, Proc. 2000.03.00.059257-0, *RDDT* 78/231). Hugo de Brito Machado, em Juízo de admissibilidade na execução fiscal, *RDDT* 22/18, aponta várias causas, entre elas, prescrição e decadência.

8. Antes do entrelaçamento deste tema com o devido processo legal, é importante mostrar a aceitação da expressão e de sua incorporação ao jargão forense – a exceção de pré-executividade às hipóteses excepcionais de impugnação à execução fora dos embargos. Naquelas hipóteses visíveis e escancaradas de não cabimento da execução deve haver o socorro imediato, a impedir o prosseguimento da execução. Invoca-se uma grande lição do renomado Amílcar de Castro sobre a validade do título:

A simples leitura do escrito deve pôr o juiz em condições de saber quem seja o credor, quem seja o devedor, qual seja o bem devido, e quando seja devido, considerando-se o título líquido, quando não haja dúvidas ou questões em torno de sua existência ou exigibilidade (*Comentários ao código de processo civil*, RT, 1974, p. 57, nº 90).

Como pode ser aceita a execução em hipóteses drásticas como a falsificação grosseira da assinatura no título; a apresentação de título incompleto; a notória prescrição; o pagamento já efetuado, instrumento firmado por pessoas sem poderes para tanto (REsp 124.364).

9. O tema da exceção de pré-executividade está envolvido com o devido processo legal.

Se há o contraditório, e portanto, o direito ao debate, e a defesa de um direito, isto é, ver afastada a execução, porque impossível a cobrança daquele crédito, abre-se a oportunidade mais favorável ao devedor, a alegação desse fato impeditivo.

Se há a igualdade das partes, logo, ao devedor deve ser oferecida a defesa, ao lado do direito de propriedade do credor, titular do direito à dívida.

A constrição judicial, mediante a penhora de bens, de quem nada deve, atinge o princípio da proporcionalidade.

Insere-se no devido processo legal o princípio da efetividade do processo. Pretende-se assim, dar ao devedor o direito de defesa, para afastar a execução indevida.

A doutrina brasileira, e também a jurisprudência, tem revelado o devido processo legal, com base em dois aspectos – o substantivo e o processual. Interessa-nos os dois, porque a aceitação da exceção de pré-executividade não está em contradição com o sistema processual, a menos que os embargos sejam intransponíveis, como requisito para a discussão. Logo, a exceção está adequada ao sistema processual, porque coloca-se não como uma exceção, e sim regra naquelas hipóteses delirantes na execução, como falamos acima.

Interessa-nos o devido processo legal substantivo, baseado em dois princípios essenciais: a razoabilidade e proporcionalidade. Esta está assentada em outros princípios muito apropriados para o tema (Roberto Rosas. Devido processo legal: razoabilidade e proporcionalidade, *RT* 783/11)

A adequação ou pertinência relaciona meio e fim. Significa então, que se exige o oferecimento dos embargos para discutir algo perceptível ao primeiro exame.

Deve-se escolher a solução mais suave, e menos gravosa para o devedor, conforme dispõe o art. 620 do CPC, é uma regra para a satisfação do crédito. Interessa ao credor receber, e ao devedor cumprir da maneira menos drástica. Ora, se o devedor pode demonstrar a impossibilidade de execução, pelas razões bem demonstradas acima, não será proporcional exigir a garantia do juízo, e mais o oferecimento de embargos.

E em conclusão, na proporcionalidade estrita, examinam-se as vantagens e desvantagens da forma da execução. Não será proporcional exigir-se do devedor o cumprimento se ele será considerado indevido.

5.C. DURAÇÃO RAZOÁVEL DO PROCESSO

1. Uma crítica ao desenvolvimento do sistema processual está na demora, na dificuldade de saída da Justiça, ainda que esteja assegurado o acesso à Justiça, em regra constitucional, e na ampla doutrina, pontificada no livro de Mauro Cappelletti.

2. A Convenção de Roma (art. 6º) já estipulou o direito à rapidez na solução processual, e a Convenção Americana dos Direitos Humanos (1969), internada no Brasil pelo Decreto nº 678/1992, também assegurou, como direito humano o prazo razoável (art. 8º, § 1º).

3. Se era um desejo, foi concretizado na Emenda Constitucional nº 45.

4. Esse prazo razoável está envolvido com a celeridade processual, afastados todos os obstáculos (justos ou injustos), na condução do direito de defesa. Há sempre um antagonismo entre a rapidez e o direito de defesa, quando este é eficaz e satisfatório. Quanto tempo? Qual prazo? Que provas são indispensáveis e necessárias, ou não, e por isso, pode ser obstáculo ao ideal da celeridade.

5. O processo eletrônico é elemento notável no atingimento dos objetivos, dispensado o papel, e na sua utilização pena a comunicação de atos processuais às partes, com segurança.

6. Outra etapa da celeridade está no cumprimento da sentença, último objetivo do processo, muitas vezes procrastinado.

7. A etapa material com a impressão e divulgação dos atos judiciais (sentença, acórdão) é muito importante, porque não há explicação para a demora, nessa fase, que é mecânica.

8. O CPC (2015) é expresso no interesse da rapidez na Justiça. Veja-se o art. 4º:

> As partes têm o direito de obter em prazo razoável a solução integral do mérito, incluída a atividade satisfativa.

Para atingir-se esse objetivo, o art. 6º complementa:

> Todos os sujeitos do processo devem cooperar entre si para que se obtenha, em tempo razoável, decisão de mérito justa e efetiva.

E impõe ao juiz, como dever – velar pela duração razoável do processo (art. 139, II).

6

DEVIDO PROCESSO LEGAL: DIREITO ADMINISTRATIVO

1. O devido processo legal está bem integrado no Direito brasileiro, especialmente no Direito Administrativo, e em especial, no processo administrativo, até por força constitucional (art. 5º, LIV e LV), e em outras legislações como a Constituição do Estado de São Paulo impõe à Administração Pública a obediência ao princípio da razoabilidade (art. 111). Como observa Ronald Dworkin, essa cláusula protege aqueles princípios fundamentais de liberdade e justiça que se encontram na base de todas as nossas instituições civis e políticas (Ronald Dworkin. *Uma questão de princípio*, Martins Fontes, p. 132).

Muitas vezes a concepção sobre o devido processo legal pode levar a equívocos, ou torná-lo expressão ambivalente – Dworkin dá expressivo exemplo. Se um legislador legisla sobre os psiquiatras, como peritos num julgamento criminal, como recebendo altos honorários, e por isso, ofende o devido processo legal, pergunta-se se ele odeia os psiquiatras e, portanto, pune esses médicos ou então a proibição à violação ao devido processo legal? Na primeira hipótese, a violação foi mero pretexto para punir os psiquiatras (*Uma questão de princípio*, Martins Fontes, p. 68; Celso Antônio Bandeira de Mello. *Curso de direito administrativo*, 15ª ed., p. 106).

Na base dessa aplicação, pretende-se o controle do arbítrio do Legislativo e a discricionariedade governamental (Luís Roberto Barroso. *Interpretação e aplicação da Constituição*, 5ª ed., p. 219 e Daniel Sarmento. *A ponderação de interesses na Constituição Federal*, 2003, p. 77; Vera Scarpinella Bueno. Devido processo legal e a administração pública no direito administrativo norte-americano. In: *Devido processo legal na administração pública*, Lúcia Valle Figueiredo (Coord.), Max Limonad, 2001; José Carlos Vieira de Andrade. *Os direitos fundamentais na Constituição portuguesa de 1976*, 3ª ed., Coimbra, p. 360).

2. Do devido processo legal decorrem dois princípios: razoabilidade e proporcionalidade.

A proporcionalidade limita e condiciona o poder excessivo, subordinando-o ao Direito com a finalidade (Ruy Cirne Lima. *Princípios de direito administrativo*, p. 21). Canotilho aproxima a proporcionalidade ao abuso do poder (desvio – *détournement*) *o quantum útil* à finalidade da restrição. O princípio da proporcionalidade liga-se à limitação do Poder Executivo (Canotilho. *Direito constitucional*, p. 268).

Sobre os limites da proporcionalidade, e sua valoração vejamos interessante dissertação sobre a valoração dos interesses para a aplicação da proporcionalidade no poder de polícia, em Karl Larenz:

> No Direito Administrativo, sobretudo no Direito da polícia, já desde há muito que estas proposições são reconhecidas. Lerche define-as do seguinte modo: a proposição fundamental da proporcionalidade diz que a utilização de determinado instrumento para alcançar determinado fim não deve ser inadequada a este; a proposição fundamental do meio menos lesivo (que Lerche denomina de exigibilidade) diz que entre vários instrumentos possíveis, todos adequados à obtenção do fim, só é lícito escolher aquele que produza as consequências menos gravosas. O civilista – como também notou Lerche – reconhecerá imediatamente que estas proposições fundamentais assumem uma importância considerável no Direito Civil, ainda que só em determinados contextos (esta restrição vale igualmente para o Direito constitucional, segundo Lerche mostrou em pormenor). Essas proposições são adequadas para servir de critério de valoração dos interesses, sobretudo quando se trate de saber em que medida um interesse em si mesmo legítimo deve ceder perante outro de valor superior (superior em geral, ou só nas circunstâncias do caso), isto é, quando o problema consista em determinar onde se situa o limite da satisfação lícita de um interesse à custa de outro interesse também digno de tutela. (Karl Larenz. *Metodologia da ciência do direito*, Ed. Gulbenkien, 2ª ed., 1969, p. 578).

O princípio da razoabilidade na esfera administrativa tem alcance importante, porque a decisão administrativa deve a ele a sua pauta de certeza. Há lógica entre o fato e a decisão administrativa, suportada no razoável. Os interesses individuais podem ser superados se for razoável esse prejuízo, essa superação (sobre razoabilidade na fixação de tarifas, Caio Tácito. Temas de direito público, *Renovar*, I/226, e sobre motivo e fim, Caio Tácito, *RDA* 204; Fábio Corrêa Souza de Oliveira. Por uma teoria dos princípios. *O princípio constitucional da razoabilidade*, Lumen Juris, p. 227). Como observa Paulo Bonavides –

o princípio da proporcionalidade tem aplicação tradicional no Direito Administrativo (*Curso de direito constitucional*, 14ª ed., p. 398 e 402; Gustavo Binenbojm. Da supremacia do interesse público ao dever de proporcionalidade: um novo paradigma para o direito administrativo, *RDA* 239/1).

A finalidade da lei não pode ser aplicada de forma desarrazoada. Extrai-se do princípio da legalidade (CF – arts. 5º, II, 37 e 84) e o princípio da moralidade. Em último ponto, a função administrativa obedece ao princípio geral do devido processo legal, baseado no princípio da razoabilidade (Caio Tácito. Temas de direito público, *Renovar*, 1/327; Carlos Mário Velloso. *Temas de direito público*, p. 208).

A Administração não fica inibida na sua atividade, admitidas restrições administrativas, porém, sempre em obediência ao devido processo legal. Atente-se, no particular, sobre o poder de polícia, especialmente na manutenção do serviço público adequado (CF - art. 175, IV). Em caso concreto, o Supremo Tribunal considerou a proporcionalidade e a razoabilidade na adoção de medidas protetivas do consumo de energia elétrica com a fixação de metas de consumo (STF, ADC 9-6).

Levanta-se possível objeção ao exame judicial do ato acusado de não razoável, como intangível quanto ao mérito, nos limites da liberdade de decidir. Essa liberdade é a legal, dentro da lei, e segundo seus parâmetros (Celso Antônio Bandeira Mello. *Curso*, 9ª ed., p. 67).

Como importante, por sua objetividade, invocamos Agustín Gordillo sobre as ocorrências de irrazoável:

> Quando: a) não dê os fundamentos de fato ou de direito que a sustentam ou; b) não leve em conta os fatos constantes do expediente ou públicos e notórios; ou se funde em fatos ou provas inexistentes; ou c) não guarde uma proporção adequada entre os meios que emprega e o fim que a lei deseja alcançar, ou seja, que se trate de uma medida desproporcionada, excessiva em relação ao que se quer alcançar (*Princípios gerais de direito público*, p. 184).

A proporcionalidade é tomada na razão da finalidade do interesse público, isto é, o ato administrativo é valido na extensão e na repercussão proporcionais.

O limite da discricionariedade administrativa está submetido à razoabilidade e à proporcionalidade dos meios, não imoderados (Caio Tácito. Temas de direito público, *Renovar*, 2º /1.114).

É importante o destaque ao equilíbrio no contraditório, no processo administrativo, dando-se ao acusado instrumentos de contraposição à autoridade (Romeu Felipe Bacellar Filho. *Princípios constitucionais do processo administrativo disciplinar,* Max Limond, p. 203; em relação ao estágio probatório do servidor - Lúcia Valle Figueiredo. *Curso de direito administrativo,* XVIII, 10). O STF tem acentuado o direito do administrado a ser ouvido para a anulação do ato (*RTJ* 156/1042; *RTJ* 169/1061; *RTJ* 170/702, na mesma linha, o Superior Tribunal de Justiça para a exoneração de servidor (*Revista STJ* 15/157 e 19/245), e o STF, na exigência para a anulação de nomeação (RE 452.721). O contraditório e a ampla defesa, na fase inquisitorial, antes do processo administrativo disciplinar, devem se efetivar por força das regras do processo administrativo (arts. 41 e 69 da Lei nº 9.784/1999), até para diligências, no levantamento dos fatos e das provas (STJ, MS 9.511).

O STF editou a Súmula Vinculante nº 5 com dispensa da defesa técnica no processo administrativo disciplinar. Foi cancelada a Súmula do STJ nº 343.

Como observa Celso Antônio, a privação da liberdade ou da propriedade não é simplesmente a eliminação, também a suspensão ou o sacrifício de quaisquer atributos inerentes a elas (Celso Antônio Bandeira de Mello, *Curso*, p. 72).

É importante uma visão da jurisprudência sobre o devido processo legal, porque cada vez mais os tribunais, principalmente o Supremo Tribunal e o Superior Tribunal de Justiça, na seara administrativa, decidem amparados no devido processo legal, na razoabilidade e na proporcionalidade.

Antes de 1988 o Supremo Tribunal já aplicava o devido processo legal para exigir, na desapropriação, a notificação prévia aos interessados na vistoria do imóvel (STF, MS 20.656, *RTJ* 121/967). Aplica-se a qualquer processo administrativo no qual o patrimônio do administrado possa vir a ser atingido (STF, RE 158.543, *RTJ* 156/1.045 - voto do Min. Carlos Velloso, MS nº 24.268-0). O legislador pode estabelecer requisitos para a investidura em cargo ou função, por exemplo, curso universitário. É o princípio da razoabilidade (STF, ADIn 1.326, Rel. Min. Carlos Velloso), porém, não é razoável exigência irrelevante para o cargo (ex.: altura mínima para o cargo de escrivão de polícia - STF, RE 194.952). É razoável a exigência de tempo de bacharel, para ingresso no Ministério Público, para demonstração de maturidade e profissionalismo (STF, ADIn 1.040-9). A fixação da pontuação dos títulos, sem possibilitar a reprovação do candidato em concurso, é razoável (STF, Ag.Reg. Ag. 194.188-8, Rel. Min. Marco Aurélio, *RT* 754/191). Assegura-se ao praça de corporação militar o devido processo legal, na exclusão das corporações, por ato incompatível com a função (STF, RE 168.612, Rel. Min. Carlos Velloso; RE 191.480-7, Rel. Min. Marco Aurélio).

No Superior Tribunal de Justiça há muitas aplicações do princípio do devido processo legal na área administrativa.

A exoneração do cargo preenchido mediante concurso exige a obediência ao devido processo legal (*Rev. STJ* 15/157 e 19/245).

Examine-se o excelente voto do Min. José Delgado sobre o exercício do contraditório no exame de documentos em processo administrativo (REsp 175.738).

Cabe uma palavra sobre a importância na exigência da motivação dos atos. Está implícita no devido processo legal a transparência da decisão concretizada no ato da Administração. Sem justificação, o destinatário do ato não tem como impugná-lo. Apresentam-se aqui, as mesmas razões exigidas para a motivação das sentenças (Roberto Rosas. *Direito processual constitucional,* 3ª ed., RT, p. 43).

Todas as observações acima foram feitas especialmente para entendermos o relevante procedimento para apuração da improbidade administrativa, porque sem ele não é possível atingir as consequências previstas na Lei nº 8.429/1992, como, aliás, pregou em consulta, Marcelo Figueiredo (Responsabilidade por ato de improbidade, *Interesse Público*, 5, 2000).

A referida lei tem como principal vetor o respeito ao princípio da legalidade (art. 4º). Isso significa uma obediência estrita aos ditames legais na prática dos atos da Administração, e o seu desrespeito caracteriza a improbidade administrativa (art. 11) (Celso Antônio Bandeira de Mello. *Curso*, p. 66).

A lesão ao patrimônio público ou o enriquecimento ilícito derivado de improbidade administrativa permitem à autoridade representar ao Ministério Público para a indisponibilidade dos bens do indiciado (art. 7º). Aqui, volvemos nossas reflexões para o devido processo legal em relação ao direito de propriedade. Não é possível a indisponibilidade *inaudita altera parte,* ou abruptamente sem estabelecido o *due process.*

Outra aplicação desse princípio reflete-se na aplicação de cominações (art. 12), que deve obedecer ao princípio da razoabilidade ante a extensão do dano e o proveito (art. 12, parágrafo único). Não é possível demitir-se o servidor que aplicou bem determinada verba, que era destinada a outra rubrica. Aplica-se, ainda à condição de servidor público, o razoável em sua apelação (Lei nº 8.112 - art. 128; ou na Lei nº 9.784/1999, que regula o processo administrativo com obediência à adequação entre meios e fins, vedadas sanções em medida superior às estritamente necessárias ao atendimento de interesse público – art. 2º, VI. A gradação já é exigida na Constituição (art. 37, § 4º), e o Judiciário pode determinar a aplicação de pena menos severa, segunda a falta (STF, RMS 24.901, *RDA* 240/310). A punição deve ser adequada aos fatos, não se aplicando, desde logo, a aplicação da pena mais severa, se a irregularidade apurada não atingir intensidade à condução de demissão (STF, MS 7.983).

Por tudo, a lei abre capítulo específico sobre o procedimento administrativo e o processo judicial (art. 14), a denotar a exigência da obediência aos princípios do devido processo legal.

Tudo isso, como devido processo legal, já está assegurado, como princípio, na Constituição, só há perda de cargo pelo servidor estável com sentença judicial transitada em julgado (art. 41, § 1º, I), ou mediante processo administrativo com ampla defesa (art. 41, § 1º, II).

Podemos resumir todas essas observações, com a vigilante aplicação do princípio do devido processo legal na caracterização da improbidade administrativa.

3. A administração é pautada em princípios, até de ordem constitucional, que impõem certa conduta e norte (CF, art. 37), mas não é possível impor-lhe situação jurídica sem razoabilidade, como ocorreu com a lei de fixação de data para pagamento dos servidores públicos. Não é razoável que a Administração seja limitada no seu exercício financeiro, com receita e despesa, e acima de tudo numerário para o pagamento. O STF declarou essa lei inconstitucional (ADIn 247-3).

A publicidade não é um direito absoluto, mas pode ser limitado em benefício de determinados motivos, como ocorre na preservação da imagem, mas a tônica é dar a maior publicidade aos atos da Administração. Entretanto, o relatório de comissão administrativa deve pautar-se pela sobriedade, sem exageros ou ridicularias (STF, MS 22.151).

A motivação dos atos da Administração (CF, art. 93, X) limita o poder estatal com respeito e proteção aos direitos. Há garantia contra excessos, e obstáculo ao arbítrio. Ela é exigência a favor do administrado, ou dos controles para que se estabeleça a transparência (STF, AO 333, *RTJ* 179/842; Lúcia Valle Figueiredo. Estado de direito e devido processo legal, *RDA* 209/14).

Os atos da Administração gozam da presunção de veracidade, desde que pautados por outro princípio – o da legalidade (ver STF, ADIn 1.935).

O princípio da eficiência foi introduzido recentemente (EC 19, art. 3º).

A moralidade administrativa tem amplo espectro, porque dos limites morais à improbidade administrativa vai larga atuação do administrador.

4. Os cargos públicos são exercidos dentro dos paradigmas acima colocados, tanto que o abuso é punido segundo a regra constitucional (CF, art. 37, § 3º, III, na versão da EC 19, art. 3º).

5. O acesso aos cargos públicos faz-se, em regra, mediante concurso, ainda que outros possam ser providos discricionariamente (em comissão), ou por contratação temporária excepcional, no interesse público (CF, art. 37, IX).

Os requisitos são indicados em lei, com limitações ao ingresso, ou exigência, não podendo ser não razoáveis ou proporcionais. Certa lei limitou a idade ao concurso para arquiteto, porém, foi considerada descabida sem atentar para o tipo de exigência do serviço, com discriminação pela idade (STF, RMS 2.341-2). Já certo concurso exigiu altura mínima para policial, razoável pelo tipo de serviço (STF, *RTJ* 181/276 e 182/896; ADIn1.040).

6. O processo administrativo é o instrumento básico para a atuação do administrador, nas controvérsias surgidas (CF, art. 5º, XXXIV) (Alberto Xavier, *Revista Dialética de Direito Processual*, 101/7).

Há princípios absolutos inerentes a esse processo.

A obediência ao contraditório insere-se na ampla defesa, a possibilita ao administrado apresentar seus meios de impugnação perante a Administração (Lúcia Valle Figueiredo. Estado de direito e devido processo legal, *RDA* 209/15). Se houver imposição de pena, é indispensável o contraditório (RE 153.540, *RTJ* 161/672; não é possível a revogação de decisão anterior sem defesa (STJ, MS 5.431, *Rev. STJ* 172-62).

Admitem-se amplas provas como decorrência do direito de defesa.

Discute-se sobre a possibilidade de atuação no processo administrativo com o depósito para recorrer. O STF entendeu não haver lesão ao art. 5º, LIV e LV da, CF (RE 317.847, *RTJ* 182/381), porém, há tendência para excluir essa exigência.

A Lei do Processo Administrativo Federal (Lei nº 9.784, de 29/01/1999) determina a obediência aos princípios da razoabilidade e proporcionalidade (art. 2º), bem como a adequação entre meios e fins, vedada a imposição de obrigações, restrições e sanções em medida superior àquelas estritamente necessárias ao atendimento do interesse público (art. 2º, VI) (STJ, MS 8.946, *Revista STJ* 183/39).

7. Na punição disciplinar ou na restrição a direitos não pode haver abuso ou arbítrio, por isso, a necessidade da plenitude de defesa, como garantia insuperável, sob pena de nulidade do próprio ato punitivo ou da restrição de direitos.

A pena disciplinar deve ser graduada segundo a gravidade da falta (STJ, MS 8.106) e sempre proporcional à infração (STJ, REsp 291.747).

Sempre exigidos o rito adequado, ciência ao interessado, oportunidade para contestar, produzir prova, acompanhar a instrução e utilizar os recursos cabíveis (STF, AO 333, *RTJ* 179/839).

Na exclusão da atividade militar deve ser obedecido o devido processo legal (STF, RE 218.128-2).

Se algum benefício foi concedido, exemplo: anistia, a sua desconstituição será feita com obediência ao devido processo legal, no mínimo, ouvido o anistiado (STF, MS 7.219).

8. As sanções administrativas devem obedecer à proporcionalidade e razoabilidade. Serão graduadas segundo esses princípios.

As multas não poderão ser impeditivas de atividades, desproporcionais à infração, nem ter caráter confiscatório (STF, ADIn 551, *RT* 815/155; STJ, REsp 330 677).

A sanção penal de inocente foi incluída em ação de improbidade administrativa ou inquérito civil, por denunciação caluniosa (Código Penal, art. 339 (Lei nº 10.028).

A demissão do servidor será procedida mediante processo administrativo. Se a conduta foi indevida, a pena será proporcional ao fato indevido (STJ, RMS 7.491-0), bem como o confronto da gravidade da falta com o dano causado ao serviço público, antecedentes funcionais (STJ, MS 8.106). A intervenção no Município, derivada de iniciativa da Câmara, em razão de tomada de contas do Tribunal de Contas, deve obedecer ao devido processo legal, isto é, o prefeito deve falar sobre o parecer do Tribunal de Contas (STF, ADIn 614; RE 129.392; *RTJ* 149/201; RE 132.747, *RTJ* 157/989).

9. As licitações são regidas por lei própria, e especialmente pelos editais, tanto que se diz o edital como a Lei da Licitação. Entretanto, deve pautar-se no devido processo legal, e o julgamento da licitação também rege-se por esse princípio.

Se há exigência descabida ou excessiva, pode atentar contra a proporcionalidade ou a razoabilidade. Muitas vezes, editais expõem condições inadequadas ou sem qualquer razão para o certame e a competição. Se o edital conduz ao prejuízo na finalidade dos procedimentos para restringir concorrentes, via exigências absurdas, como certidões dispensáveis, ou excluir concorrente por meras filigranas, há atentado à proporcionalidade (STJ, MS 5.869) (Maria Sylvia Zanella Di Pietro. *Licitações e contratos*, p. 30; Marçal Justen Filho. *Comentários à lei de licitações*, p. 54; *Curso de direito administrativo*, p. 312; Antônio Carlos Cintra do Amaral. *Concessões*, p. 46).

10. A desapropriação como forma de perda (aquisição) da propriedade pode suscitar a exigência do devido processo legal, ainda que a Constituição Federal indique o direito de propriedade (art. 5º, LIV).

O tombamento é uma limitação ao direito de propriedade, porque o proprietário não poderá dispor livremente dos direitos inerentes ao domínio, como demolir o imóvel, reconstruir livremente, alterar características etc. O tombamento ocorre precedido de processo administrativo, obedecido o devido processo legal (Sérgio de Andréia Ferreira. O tombamento e o devido processo Legal, *RDA* 208/1).

11. Há dois tipos de controle da execução orçamentária. O brasileiro abraça o jurisdicional caracterizado por órgão colegiado com membros independentes; processo judicial de apreciação das contas.

Este tipo deriva do sistema francês, que se expandiu para outros países: Bélgica, Itália, Espanha, Portugal, Alemanha e Japão.

Na França, o Tribunal de Contas assiste o Parlamento e o Governo no controle da execução das leis de finanças (art. 47, *in fine*, Const. 1958), sendo-lhe atribuída competência jurisdicional. J. Magnet, magistrado do *Cour de Comptes* da França, afirma não estar a *Cour* impedida de exercer jurisdição sobre pessoas. No Japão, as contas finais das despesas e receitas do Estado são fiscalizadas anualmente por um Conselho Fiscal (art. 90, Const. Japão). Na Itália, o Tribunal de Contas exerce o controle preventivo da legitimidade sobre os atos do governo (art. 100, Const. Itália). Diz Salvatore Romano:

> La nostra costituzione che la funzione giurisdizionale é esercitata da magistrati ordinari, instituiti ed ordinati dalle norme Del ordi-

> namento giudiziario; ha posto il divieto istituire giudic straord'nari e special, mantenendo soltanto il Consiglio di Stato e gli altri organi di giustizia aministrativa, la Corte dei Conti e di Tribunali militari, competenza r'stretta[...].

A Constituição brasileira de 1967 conferiu ao Tribunal de Contas função jurisdicional, desde a fixação de sua jurisdição em todo o território nacional ao julgamento das contas dos administradores e demais responsáveis por bens e valores públicos (art. 71, § 1º); o julgamento da regularidade das contas dos administradores (art. 71, § 4º); a ilegalidade de qualquer defesa (art. 73, § 5º); a ilegalidade das concessões iniciais de aposentadoria, reformas e pensões (art. 71, III, CF). A Constituição de 1969 adotou a mesma orientação (art. 70).

Carlos Maximiliano não admitiu a existência da função jurisdicional nos atos do Tribunal de Contas, apenas pressentindo os seus arestos como "prova" e não "coisa julgada" perante a magistratura.

Por vezes, a decisão do Tribunal de Contas torna-se coisa julgada com efeitos outros, como sejam: a impossibilidade da demissão *ad nutum* de funcionário com título de nomeação registrado no Tribunal de Contas e ainda a soberania da decisão do Tribunal de Contas no julgamento da apuração dos responsáveis pelos dinheiros, ficando a salvo de revisão na via judicial.

De fato, a *res judicata* existe em decisões do Tribunal de Contas quando julga a legalidade das concessões iniciais de aposentadorias, reformas e pensões (art. 72, § 8º, CF). E isso afirmou o STF negando mandado de segurança a militares do Corpo de Bombeiros do então Distrito Federal que pretendiam o registro de suas reformas com proventos a que se julgavam com direito e reputados ilegais pelo Tribunal de Contas (MS 5.916, *RF* 19/121; Apelação Cível nº 92.721, TJ São Paulo, *RF* 191/180); RE 74.663, *RTJ* 65/500 (consequência da decisão do Tribunal de Contas. Cumprimento pela Administração; da mesma forma no RE 69.835, *RTJ* 63/432; *RTJ* 50/215; *RTJ* 45/756; *RTJ* 43/151).

O Tribunal de Contas tem jurisdição própria e privativa sobre as pessoas e matérias sujeitas à sua competência, abarcando todo aquele que arrecadar ou gerir dinheiros, valores e bens da União, ou responsáveis pelos mesmos, assim como os administradores das entidades da Administração indireta ou de outras entidades (art. 1º da Lei nº 8.443/92). Poderá ordenar arresto dos bens dos responsáveis ou seus fiadores por débitos contra a Fazenda (art. 61, Lei nº

8.443/1992), resolverá sobre o levantamento dos arrestos e julgará os embargos opostos às decisões proferidas pelo Tribunal.

A Constituição Imperial de 1824 lançou o germe do Tribunal de Contas republicano (art. 170). Previa as "Estações" nada mais do que Auditorias de delegações. A Constituição de 1891 não lhe dera feição judicial porque lhe competia a liquidação das contas da receita e despesa e a verificação da sua legalidade, antes de serem prestadas ao Congresso (art. 89). Na Carta de 1934 competia-lhe o julgamento das contas dos responsáveis por dinheiros ou bens públicos (art. 99). Na de 1937, permaneceu o mesmo *status* (art. 114), o que também fez a de 1946, porém, com mais intensidade.

As Constituições outorgam ao Tribunal de Contas as atribuições constitucionais dadas aos outros tribunais, como seja eleição de seu Presidente, elaboração de seu regimento, organização de serviços auxiliares, provimento de seus cargos etc.

Desta forma é o parecer de Alfredo Buzaid na Representação nº 753 de São Paulo no STF defendendo a aplicação do princípio federal ao Tribunal de Contas daquele Estado, cujos membros foram equiparados aos Desembargadores (art. 89, § 1º, da Const. São Paulo); Repres. 865, *RTJ* 61/606.

Considerando o Tribunal de Contas como tribunal judiciário, não se fixou a competência para execução de suas sentenças. Parece mais consentâneo atribuir ao próprio Tribunal de Contas a execução de suas decisões, naquilo que couber, como bem expressava o art. 48 do Decreto-Lei nº 199, ou no art. 71, § 3º, da CF (título executivo decorrente de suas decisões).

Longa discussão travou-se em torno da competência originária para o conhecimento de mandado de segurança contra ato do Tribunal de Contas, não apontada na Carta de 1946. Argumentava uma das correntes, com a competência do antigo TFR, porque a Constituição equiparava os ministros do Tribunal de Contas aos juízes do TFR em direitos, garantias, prerrogativas e vencimentos (art. 76, § 1º).

Em 1955, o Ministro Pereira Lira dava a lume trabalho intitulado "O Tabu da Unidade Jurisdicional" (*Revista do Serviço Público*, agosto, 1955) não pretendendo excluir da apreciação do Poder Judiciário as liberações do Tribunal de Contas, mas nunca submetê-las a juiz de 1ª instância ou ao TFR. Seria paradoxal dar-se maiores garantias aos ministros do Tribunal de Contas (competência originária do STF, para julgamento dos seus crimes comuns, do que ao próprio Tribunal de Contas submetendo-o ao TFR e invocava a opinião do STF no célebre caso da Última Hora (HC 32.678), quando a Corte Suprema julgou incompetente o juiz de 1ª instância para conhecer de *habeas corpus* contra ato da Câmara dos Deputados, através de Comissão Parlamentar de Inquérito, apontando as opiniões então expedidas pelos Ministros Luís Gallotti e Nelson Hungria contra a intromissão do Tribunal local em atos de autoridade federal com projeção nacional (Câmara dos Deputados). *Mutatis mutandis*, esta argumentação aplicava-se ao Tribunal de Contas em relação aos juízes de 1ª instância e do TFR.

Em 1948, ao apreciar, em grau de recurso, mandado de segurança impetrado pelos Ministros Rubens Rosa e Alvim Filho (*Revista de Direito Administrativo* 45, 174), declarou-se competente para o seu conhecimento (*Rev. de Direito Administrativo* 45, 200). Em 1953, a Corte Suprema fixou sua competência originária para conhecimento dos mandados de segurança impetrados contra o Tribunal de Contas (MS 2.278, *DJ* 31.12.1953, p. 16.097), e curvando-se a essa decisão o TFR passou a negar sua competência nesses casos (*Rev. de Direito Administrativo* 45, 196; *RF* 189/287). A atual Constituição espancou as dúvidas, prevendo a competência originária do STF para julgar mandado de segurança contra ato do Tribunal de Contas da União (art. 102, I)

Exprimia o art. 200 da Constituição de 1946, e o enuncia o art. 97 da Carta atual, a necessidade do voto da maioria absoluta dos membros dos Tribunais para a declaração de inconstitucionalidade de lei ou ato do Poder Público.

A Constituição prevê o exercício pelo Tribunal de Contas da verificação da ilegalidade de qualquer despesa, inclusive as decorrentes de contratos etc.; a legalidade das concessões iniciais de aposentadorias, reformas e pensões. Em face desses preceitos basilares, cabe à Corte de Contas o exame das exigências legais nos casos enunciados e em geral a ele submetidos, colocando o seu exame em confronto com a Constituição, não procedendo o argumento da criatividade da interpretação das leis pelo Poder Judiciário. Se os atos submetidos ao Tribunal de Contas não estão conformes à Constituição, são atos contra a lei, portanto inconstitucionais. Lúcio Bitencourt não foge deste ponto, quando afirma caber a todos os Tribunais ordinários ou especiais, apesar de pertencer a última palavra ao STF, encontrando a adesão de Carlos Maximiliano.

O Supremo Tribunal aplicou o devido processo legal sobre decisão do Tribunal de Contas da União que cancelou vantagem sem defesa do interessado. Neste importante julgado, aviou-se o princípio da segurança jurídica, bem como o princípio da confiança decorrentes de situação jurídica estável, e por longos anos (STF, RMS 24.268, Rel. Min. Gilmar Mendes. A Súmula Vinculante nº 3 do STF aplica aos processos no Tribunal de Contas da União o contraditório (Roberto Rosas, Direito Sumular, 14ª ed., pg. 389).

12. No Direito Urbanístico, ainda que carente de grandes princípios no Brasil, tem importância fundamental no desenvolvimento das cidades.

A lei denominada Estatuto Jurídico da Cidade estabelece normas de uso da propriedade urbana em prol do bem coletivo, da segurança e do bem-estar dos cidadãos, e o equilíbrio ambiental. Vamos utilizar nomenclatura cambiante, entre Constituição, Estado, lei, Município, urbano, que, como diz o admirado por nós, Professor Canotilho, são palavras viajantes. Também devo socorrer-me do Professor Castanheira Neves a conduzir-me ao problema metodológico da juridicidade, no exame da questão de fato e da questão de direito e dar tratamento jurídico à cidade.

O Brasil é uma República Federativa nascida com a outorga de poderes descentralizados, aquilo chamado de federalismo centrífugo, ao contrário do federalismo americano – centrípeto. O Estado imperial brasileiro (1822/1889) foi unitário, e, como tal, centralizado nas mãos do monarca imperial, com sua majestade sediada no Rio de Janeiro. Diante desse quadro há necessidade da exibição de poderes entre as três esferas da comunidade brasileira – a federal, a estadual e a municipal, todas com ampla gama de atribuições e poderes, dentre eles a gestão administrativa da cidade, essencialmente municipal.

Caminhamos para o Direito Comunitário, na união de países sul-americanos, a constituir definitivamente o chamado Mercosul – mercado comum desses países (Brasil, Argentina, Paraguai e Uruguai). Mas é importante, como a cidade brasileira foi administrada, como o poder local existiu, e existe hoje, por isso, socorro-me do Prof. Canotilho, no tópico sobre o municipalismo e centralismo em Portugal, que bem explica o poder no Município brasileiro:

> A história constitucional portuguesa reflecte também o choque da ideologia da soberania nacional com certos poderes periféricos que já tinham oferecido resistência à centralização do poder real. Um deles é o problema do "poder local" ou do "poder administrativo municipal.

Assim, se a Constituição de 1822 ainda concede grande liberdade às Câmaras no Governo Municipal, já a Carta Constitucional de 1826 vai reservar esta matéria às leis ordinárias. A legislação de Mouzinho da Silveira (Decreto de 16 de maio de 1832), ao estabelecer nova organização administrativa, viria logo a demonstrar que a dialética do binômio território-Estado, unitária e centralizadamente concebido, se teria de defrontar com esquemas de descentralização, intimamente ligados a problemas fulcrais do poder político. O setembrismo, por exemplo, exigirá a descentralização local – "o poder administrativo é popular e não do trono" –, o mesmo fazendo o movimento republicano e a Revolução de 25 de abril de 1974 (*Direito constitucional*, p. 272).

A Constituição brasileira fixa um conjunto de normas e princípios sobre a política urbana. Tem como destino o desenvolvimento urbano na ordenação do pleno desenvolvimento das funções sociais da cidade e a garantia do bem-estar dos seus habitantes, mas há uma pauta mínima ditada pela Constituição – o direito de propriedade delimitado pela função social. A Constituição portuguesa assegura o direito de propriedade nos termos dessa Carta (art. 62), mas não o clausula como o fazemos.

O plano diretor, obrigatório para cidades com mais de vinte mil habitantes, é o instrumento básico do desenvolvimento e da expansão urbana. Exige-se a função social da propriedade, atendida se compatível com a ordenação da cidade expressa no plano diretor. Impõe o adequado aproveitamento da propriedade, com parcelamento ou edificação compulsórios; imposto predial urbano progressivo no tempo e desapropriação. Delibera sobre a usucapião especial, para a área urbana até duzentos e cinquenta metros quadrados, possuída por mais de cinco anos sem oposição.

A política urbana objetiva o pleno desenvolvimento das funções sociais da cidade, e da propriedade urbana. Garante a cidade sustentável, a moradia, o saneamento ambiental, a infraestrutura urbana, transporte, serviços públicos e lazer, como está em nossa Constituição, a exigência de regras de ocupação, uso e transformação dos solos urbanos, por planejamento e urbanismo (art. 65, 4).

Há necessidade da gestão democrática com a participação da população e associações da comunidade no acompanhamento dos planos, programas e projetos de desenvolvimento urbano, tal como a nossa Constituição, que prevê a participação dos interessados na elaboração dos instrumentos de planejamento urbanístico (art. 65, 5).

Há necessidade da ordenação e controle do uso do solo, a impedir a utilização inadequada dos imóveis urbanos com usos incompatíveis ou inconvenientes, como indica a Constituição portuguesa – a correta localização de atividades (art. 66, 2).

O parcelamento do solo, a edificação ou o uso excessivos ou inadequados devem adequar-se à infraestrutura urbana.

Preocupação com o tráfego de veículos na instalação de empreendimentos ou atividades sem a previsão da infraestrutura correspondente, como ocorre junto a colégios, shoppings, mercados etc.

Impedir a deterioração de áreas urbanizadas, no envelhecimento dos prédios, no uso inadequado das vias públicas.

Evitar ou minorar a poluição e a degradação ambiental, não só do ar, como também visual e sonora. A Constituição portuguesa determina a valorização da paisagem (art. 66, 2). O Brasil está em 20º lugar no índice de sustentabilidade ambiental, sendo destaque para os primeiros lugares – Finlândia, Noruega e Suécia.

Dá-se grande ênfase a aspectos tributários na utilização da propriedade urbana. Intensifica-se a cobrança da chamada contribuição de melhoria, na recuperação dos investimentos do Poder Público como resultado da valorização dos imóveis. Estabelece-se o imposto predial urbano progressivo, mediante a majoração da alíquota pelo prazo de cinco anos consecutivos, se no imóvel não houver edificação ou utilização. A Constituição portuguesa exige política fiscal compatível com o desenvolvimento com proteção do ambiente e qualidade de vida (art. 66, 2).

Há forte apelo popular na audiência das populações interessadas nos processos de implantação de empreendimentos ou atividades com efeitos potencialmente negativos sobre o meio ambiente natural ou construído. A Constituição portuguesa exige controle da poluição (art. 66, 2).

Dentre os instrumentos de realização da política urbana destaca-se o plano diretor, com a ordenação da cidade, para assegurar o atendimento das necessidades dos cidadãos quanto à qualidade de vida, justiça social, e desenvolvimento das atividades econômicas.

Exaltam-se o estudo prévio de impacto ambiental e o estudo prévio de impacto de vizinhança. No primeiro, envolve-se o meio ambiente, e no segundo, os empreendimentos e atividades privados ou públicos em área urbana, em relação aos vizinhos dessas áreas.

Retoma-se a usucapião especial de imóvel urbano para aquele que possuir como sua área ou edificação urbana de até 250 m^2 por cinco anos, sem oposição, e o usucapião coletivo com área de mais de 250 m^2 ocupada por população de baixa renda para sua moradia, por cinco anos sem oposição, onde não for possível identificar os terrenos ocupados por cada possuidor.

Institui-se o direito de superfície, aquele que o proprietário urbano poderá conceder a outrem em seu terreno, por tempo determinado ou indeterminado. O direito de superfície abrange o de utilizar o solo, o subsolo ou o espaço aéreo relativos ao terreno. Esse instituto é diferente da outorga onerosa do direito de construir acima do coeficiente de aproveitamento básico adotado, mediante contrapartida a ser prestada pelo beneficiário. Este instituto é chamado também de solo criado, e bem conhecido, na França, como *plafond legal*. Permanece em vigor a regra do Código Civil de que o proprietário pode levantar em seu terreno as construções que lhe aprouver, ressalvados os direitos de vizinhos e os regulamentos administrativos.

A transferência do direito de construir autoriza o proprietário a exercer em outro local, ou alienar, mediante escritura, o direito de construir previsto no plano diretor ou em legislação, quando o imóvel for necessário para implantação de equipamentos urbanos e comunitários, preservação ambiental, ou programa de regularização fundiária.

13. Como consequência da inobservância do princípio do devido processo legal, prejuízos poderão ser causados, passíveis de enquadramento na responsabilidade civil do Estado (Lúcia Valle Figueiredo). Note-se essa circunstância quando a Administração invalida ato administrativo (Adilson de Abreu Dallari. *Aspectos polêmicos e atuais do mandado de segurança*, RT, p. 13).

14. Tema relevante e atual diz com as agências reguladoras, porque a Lei nº 9.472/1997 aplica a razoabilidade e a proporcionalidade, e, enfim, o devido processo legal, às atividades da Anatel (ver proporcionalidade na atividade regulatória, Floriano de Azevedo Marques Neto, *RDA* 232/378; Alexandre Santos de Aragão. O princípio da proporcionalidade no direito econômico, *RT* 800/65).

15. A Lei nº 13655 de 25/4/2018 (Lei de Introdução às Normas do Direito Brasileiro) é forte na aplicação da proporcionalidade (art. 21, § único; art. 26, § 1º, I).

7

DEVIDO PROCESSO LEGAL: DIREITO TRIBUTÁRIO

1. Voltando a um antigo princípio, nascido nas entranhas da disputa entre a nobreza e o direito em geral, nos direitos oriundos da Magna Carta, em 1215. Ali, a renhida luta entre os direitos feudais e os barões redundou na defesa de princípios imorredouros – como *legale judicium parium suorum* (garantia do juiz competente) e o juízo *per legem terrae* (a garantia da lei preexistente). Tudo isso firma-se, em 1354, sob o reinado de Eduardo III, não mais como *per legem terrae*, e sim, *due process of law*, e definitivamente na Emenda 14ª à Constituição americana. Neste trabalho, mais especialmente, trataremos do princípio de devido processo legal no Direito Tributário (Lúcia Valle Figueiredo. *Estudos de direito tributário*, 1ª ed., Malheiros, 1996, p. 91; Alberto Xavier. *Princípios do processo administrativo judicial*, Forense, 2005, p. 5). Neste segmento jurídico, é importante a distinção entre devido processo legal substantivo e devido processo legal processual. Trataremos do primeiro.

2. O devido processo legal tem dois princípios informadores essenciais à sua aplicação: a proporcionalidade e a razoabilidade – da lei, do ato, da atitude, da ação etc. São princípios importantes para o entendimento desse instituto, e da sua importância, passando à reserva legal: a) de natureza constitucional (ninguém é obrigado a fazer senão em virtude de lei), para a proporcionalidade dos atos em geral, não existente na Constituição, a não ser no art. 5º, § 2º, dentre os princípios democráticos; b) há distinção entre proporcionalidade e razoabilidade. Apenas, apresentam-se com mais intensidade, esta nos Estados Unidos, e aquela na Europa. Veja-se na doutrina brasileira que há distância entre os termos, ainda que possa se subsumir a proporcionalidade como elemento da razoabilidade (Celso Antônio Bandeira de Mello. *Curso de direito administrativo*, 9ª ed., Malheiros, 1997, p. 68).

Examinemos, na linguagem jurídica americana, o significado de *reasonable*, como adequado, plausível, considerável, imparcial, justificável, e *reasonableness*, como senso comum, equidade, justiça, moderação, probabilidade (William C. Burton. *Legal thesaurus*, 2ª ed., Macmillan, NY, p. 883), já no *Ballentine's*, *reasonable* apresenta-se como racional, não arbitrário ou caprichoso.

3. O critério da razoabilidade limita o poder normativo do Estado. Se a lei faz diferenças ou classificações arbitrárias ou tendenciosas, infringe o devido processo legal (San Tiago Dantas. *Problemas*, p. 37), porque reside na necessidade de proteção dos direitos e liberdades contra a legislação opressiva, e, por isso, o Estado não pode legislar sem limites. O STF, ao examinar o aumento de taxas judiciais, delimitou a equivalência razoável entre o custo real dos serviços e o montante, como razoável ou proporcional (Repr. 1.077, *RTJ* 112/34), em outra oportunidade, entendeu a necessidade do coeficiente de razoabilidade na legislação tributária (STF, RE 200.844-3 (AgRg). A razoabilidade parte da discricionariedade legislativa ao separar os objetos e as pessoas tributáveis (A. R. Sampaio Dória.. *Direito constitucional tributário e due process os law*, p. 140).

4. Para o Direito Tributário, há fonte preciosa de devido processo legal substantivo, isto é, volvendo às palavras acima – o sentido da proporcionalidade e da razoabilidade, na doutrina norte-americana. Invoca-se, então, a orientação de Thomas Cooley – "Nas questões sobre impostos, o sistema geral estabelecido neste país para a avaliação e cobrança deles é processo devido" (*Princípios gerais de direito constitucional dos Estados Unidos da América do Norte*, RT, p. 5).

Inexiste direito do contribuinte à contraprestação direta pela cobrança de impostos, mas cabível na taxa e na contribuição de melhoria.

A receita tributária tem destinação pública (Alberto Nogueira. *O devido processo legal tributário*, Renovar, p. 107).

Os contribuintes têm a igualdade, possível, perante os tributos (Ricardo Lobo Torres. *Tratado de direito constitucional financeiro e tributário*, Renovar, vol. III, p. 325 e 339; Humberto Ávila. *Sistema constitucional tributário*, Saraiva, 2004, p. 394; Heleno Torres. *Direito constitucional tributário e segurança jurídica*, 2ª ed. RT, p. 634; Paulo Barros Carvalho. *Direito tributário, linguagem e método*, p. 910).

É vedada a instituição de tributos impeditivos de finalidades lícitas, mas as sanções devem ser proporcionais ao valor do tributo.

As razoabilidades dessas sanções estão na linha do interesse público, mas o Estado tem o ônus da prova, se acionado ou provocado. Lembrem-se precedentes importantes da Suprema Corte americana favorável ao contribuinte quando o tributo violente uma proibição constitucional, como a imunidade (A. R. Sampaio Dória. *Direito constitucional tributário e due process of law*, p. 44).

São proibidos os tributos confiscatórios. Como assinalou Oliver Holmes, o poder de tributar não é o poder de destruir, e sim o poder de conservar. A exacerbação na cobrança de tributos muitas vezes delira da razoabilidade, e até excesso, na superposição da exigência tributária. Não há razoabilidade na cobrança de imposto sobre imposto. Certa lei estadual integrou na base de cálculo do ICMS o montante do próprio imposto (STF, RE 212.209, 23.06.1999; Ricardo Lobo Torres, ob. cit., p. 128; Carlos Roberto de Siqueira Castro. *O devido processo legal e razoabilidade das leis na nova Constituição do Brasil*, 3ª ed., 2005, p. 219; Humberto Ávila. *Sistema constitucional tributário*, Saraiva, 2004, p. 408).

O poder de taxar não pode ser desmedido, não pode asfixiar a própria atividade. Cita-se notável julgado do STF, quando a Corte considerou inconstitucional a cobrança excessiva de tributo pela instalação de cabines, para mudança de roupa, em praia de Santos, São Paulo. O valor era tão grande, superior ao serviço, que o tornava inviável (STF, RE 18.331, *RF* 145/164).

A razoabilidade do tributo também estende-se a outras categorias assemelhadas, como a tarifa (Caio Tácito. Temas de direito público, *Renovar*, 1/248).

5. O princípio da reserva legal impõe um quadro constitucional ao Direito Tributário, para a instituição de tributo ou majoração. Essa reserva tem contornos importantes porque não basta o enunciado legal, porém, a razão de sua existência, e então cairemos na razoabilidade e na proporcionalidade. Portanto, o tributo não existirá estanque, e sim com outros componentes indispensáveis, o fato gerador, a base de cálculo e a alíquota. A alteração de alíquota de imposto de importação por resolução, sem fundamentação, foi considerada fora da razoabilidade (em 1970) (STF, RE 69.486; Carlos Roberto de Siqueira Castro. *O devido processo legal e a razoabilidade das leis na nova Constituição do Brasil*, 2005, p. 100).

A taxa judiciária, que tem natureza tributária, muitas vezes tem sido discutida, porque fixada de modo excessivo. Observou o Ministro Moreira Alves, em voto relevante sobre a matéria que "como tais taxas dizem respeito à remuneração da prestação jurisdicional pelo Estado, podem elas, se excessivas, criar obstáculo, que remeta da lei que determina a fixação de obtenção dessa prestação[...]" (Repr. 1.077, *RTJ* 112/54). A elevação desmedida de valores da taxa judiciária é inconstitucional. A taxa não pode ultrapassar uma equivalência razoável entre o custo real dos serviços e o montante a ser pago. Ela deve ser proporcional ao custo da atividade do Estado a que viabiliza. O excesso inviabiliza o acesso à Justiça (STF, ADIn 948, *RTJ* 172/ 778). O ingresso em juízo não deve acarretar sacrifícios maiores para o postulante, e os seus valores devem ser razoáveis (STF, ADIn 1.530, *RTJ* 169/35). A taxa deve ter limite, se não, inviabiliza o acesso à Justiça (STF, ADIn 1.772, *RTJ* 175/35). Ela deve ser proporcional ao custo da atividade estatal à disposição do contribuinte (STF, ADIn 948, *RTJ* 172/778; ADIn 1.926-4). A taxa judiciária pode tomar por base o valor da causa, sendo assim razoável (ADIn 2.040-4).

6. A multa tributária tem sido o largo campo para desmedida na sua fixação, muitas vezes em atentado à proporcionalidade e razoabilidade, como impediam as Súmulas nº 70, 323 e 547 do STF multas obstativas das atividades, como sanção.

As multas desproporcionais à infração têm caráter confiscatório, no caso, em decorrência do não recolhimento de tributos superiores ao valor (STF, ADIn 551, *RT* 815/155).

A multa administrativa pode ser reduzida pelo juiz, se não observada a razoabilidade, se a multa onerou excessivamente a empresa contratada (STJ, REsp 330.677, Rel. Min. José Delgado). A multa moratória de 20% do valor do imposto devido é razoável, porque não ofende o princípio da vedação ao confisco (RE 239.964-4).

7. Não basta a obediência ao princípio da legalidade. Há uma pauta limitativa ao legislador tributário. Por isso, cita-se importante decisão do STF (ARg. RE 200.844, Rel. Min. Celso de Mello:

> O Estado não pode legislar abusivamente, eis que todas as normas emanadas do Poder Público – tornando-se, ou não, de matéria tributária – devem ajustar-se à cláusula que consagra, em sua dimensão material, o princípio do "*substantive due process of law*" (CF, art. 5º, LIV). O postulado da proporcionalidade qualifica-se como parâmetro de aferição da própria constitucionalidade material dos atos estatais. Hipótese em que a legislação tributária reveste-se do necessário coeficiente de razoabilidade.

Vê-se, nesse contexto acima, que a proporcionalidade e a razoabilidade presidem a obrigação tributária. Ela só pode ocorrer dentro daqueles limites no devido processo legal substantivo.

8. É importante o debate sobre a necessidade da anuência do Poder Judiciário para requisição de informações sobre o sigilo fiscal, ou então, a movimentação financeira de contribuintes. O debate deve ser concentrado no princípio constitucional da intimidade, da privacidade (art. 5º, X) e a inviolabilidade do sigilo de dados (art. 5º, XII). É claro que esses direitos cedem a interesses públicos (obedecido o princípio da legalidade), com razoável abertura na própria Carta Magna à identificação do patrimônio e atividades econômicas do contribuinte (art. 145, § 1º), mas respeitados os direitos individuais e a legalidade.

No entanto, a extensão dada à atividade fiscal esbarra em conceitos privados, e de conceituação privada.

É comum o exame de semelhança, identidade e relações do Direito Tributário com outros ramos do Direito, dentre eles, o Direito Civil, em razão, principalmente, daqueles institutos civis relacionados à tributação (ex.: negócio jurídico, contratos, propriedade e sucessão), mas o tema apetece mais na atual quadra quando, a partir de 10 de janeiro de 2003, tivemos novo Código Civil, sempre ligado na diretriz do art. 109 do CTN: "Os princípios gerais de direito privado utilizam-se para pesquisa da definição do conteúdo e do alcance de seus institutos, conceitos e formas, mas não para definição dos respectivos efeitos tributários", e mais no art. 110 do CTN: "A lei tributária não pode alterar a definição, o conteúdo e o alcance de seus institutos, conceitos e formas de direito privado[...]".

Deduz-se, então, a prevalência do Direito Privado na definição de seus institutos típicos. Por exemplo, há um conceito de compra e venda no Código Civil, e até como instituto, que não pode ser alterado pela lei tributária. Exemplifique-se com a lei tributária que entendesse a compra e venda sem pagamento de preço (isto é doação), ou então a locação sem aluguel (isto é comodato). Assim, a Receita não pode alterar a estrutura jurídico-privada do negócio jurídico realizado pelo contribuinte, para exigir-lhe mais tributos. Se essa estrutura é consentânea com os princípios privados, ela não poderá ser alterada (conceitualmente) pela Receita. Note-se que falamos de conceitos exatos, e não de deturpação ou violação dos princípios. Como assinala José Eduardo Soares de Melo:

> Desvirtuamento dos princípios e institutos de direito privado, num contexto de abuso de formas jurídicas, com o escopo de evitar, diminuir ou suprimir o débito tributário, mediante utilização de figuras artificiosas, como simulação, quando o ato existe apenas na aparência, mascarando e disfarçando a declaração real da vontade, com patente de coincidência entre a declaração externa e a interna (*Curso de direito tributário*, Dialética, 1997, p. 152).

Essa advertência separa o verdadeiro princípio respeitado pelo art. 109 do CTN, e as anomalias na utilização dos institutos privados; é a chamada licitude da escolha das figuras jurídicas (Ricardo Lobo Torres. *Normas de interpretação e integração do direito tributário*, Renovar, 3ª ed., p. 189).

9. Os sigilos fiscal e bancário não existem para proteger defeitos ou práticas ilegais. Existem para a defesa da intimidade, do resguardo de dados, a proteção do indivíduo contra abusos das autoridades e o abuso de poder. Portanto, é importante a aproximação da garantia dos direitos individuais e os direitos de o Fisco pesquisar a correção de dados a respeito do contribuinte. As duas regras estão no art. 145, § 1º, da Constituição - que permite à administração tributária a identificação do patrimônio, rendimentos e atividades econômicas do contribuinte, porém, respeitados os direitos individuais. Aqui está a condicionante ao exercício fiscal. Ainda que haja proteção às informações, inclusive com sanções ao servidor fiscal (Lei Complementar nº 104), tal ação deve ser pautada em termos de proteção e ela fica no devido processo legal, o qual parte do art. 145, § 1º (respeito aos direitos individuais) até os procedimentos para a pesquisa de dados. Lembra o Ministro Carlos Mário Velloso a regra constitucional para somente permitir ao Judiciário a quebra do sigilo, não o fazendo nem ao Ministério Público (RE 215.301, anterior à LC 105).

Se examinarmos o Decreto nº 3.724/2001, regulamentador da Lei Complementar nº 105, ele peca porque nada prevê em relação aos direitos individuais (CF, art. 145, § 1º), apenas procedimentos normais, apriorísticos em relação ao direito do Fisco. Basta o procedimento fiscal, ou até antes (o imediato exame). Ainda pende de julgamento a Lei Complementar nº 105, no particular da quebra de sigilo (outubro/2002 - ADIn 2.386).

Em conclusão, a quebra do sigilo fiscal, sem deferimento pelo Judiciário, atenta contra o art. 145, § 1º, da CF. na extensão dada pela Lei Complementar nº 105. Ademais, mesmo a quebra, via judicial, deve obedecer ao devido processo legal.

10. Por tudo, na exigência do devido processo legal na tributação, veja-se o decidido pelo STF na ADIn 2.551-0 (Q.O):

> Tributação e ofensa ao princípio da proporcionalidade.
> - O Poder Público, especialmente em sede de tributação, não pode agir imoderadamente, pois a atividade estatal acha-se essencialmente condicionada pelo princípio da razoabilidade, que traduz limitação material à ação normativa do Poder Legislativo.
> - O Estado não pode legislar abusivamente. A atividade legislativa está necessariamente sujeita à rígida observância de diretriz fundamental, que, encontrando suporte teórico no princípio da proporcionalidade, veda os excessos normativos e as prescrições irrazoáveis do Poder Público.
> O princípio da proporcionalidade, nesse contexto, acha-se vocacionado a inibir e a neutralizar os abusos do Poder Público no exercício de suas funções, qualificando-se como parâmetro de aferição da própria constitucionalidade material dos atos estatais.
> - A prerrogativa institucional de tributar, que o ordenamento positivo reconhece ao Estado, não lhe outorga o poder de suprimir (ou de inviabilizar) direitos de caráter fundamental constitucionalmente assegurados ao contribuinte. É que este dispõe, nos termos da própria Carta Política, de um sistema de proteção destinado a ampará-lo contra eventuais excessos cometidos pelo poder tributante ou, ainda, contra exigências irrazoáveis veiculadas em diplomas normativos editados pelo Estado.

8

DIREITO PRIVADO: DIREITO CIVIL E EMPRESARIAL. CÓDIGO CIVIL

1. O acolhimento do devido processo legal no Direito brasileiro pela Constituição de 1988 (art. 5º, LIV) abriu caminho à aplicação desse princípio de modo expresso no Direito Público e no Direito Processual, levando à distinção entre o devido processo legal substantivo e o devido processo legal processual. Intensamente aplicado nesta segunda hipótese. No Direito Privado aplicar-se-á a primeira hipótese, como veremos na distinção abaixo.

2. O devido processo legal processual relaciona-se com o processo civil e penal, na obediência a regras processuais e procedimentais na defesa de direitos, mormente decorrentes da liberdade, dos bens e da propriedade; estão na linha direta do contraditório, das provas, da ampla defesa, no direito de ação (Roberto Rosas. Direito processual constitucional, RT, 3ª ed., p. 45).

3. O devido processo legal substantivo aproxima-se das origens americanas (substantivo), longe do processual, para buscar nos autos, na legislação, na ação como razoáveis (reasonable). Assim, adequados, plausíveis, consideráveis, justificáveis. O razoável está na razão, nos meios e nos fins.

Na vertente germânica, a razoabilidade é entendida como proporcionalidade, ainda que ambas não se confundam porque pressupostos diversos, ainda que de consequências idênticas.

4. Portanto, razoabilidade e proporcionalidade ornam o devido processo legal substantivo.

Muito importante este debate no Direito Privado, e agora na aplicação do Código Civil, porque proporcionalidade e razoabilidade agem intensamente na aplicação da lei, especialmente no Direito Público. Perguntar-se-á sobre essa pertinência. A invocação da proporcionalidade e da razoabilidade já era feita, e sempre, não com essas denominações, porém, como equidade, adequação, suportável, como se vê no capítulo da liquidação das obrigações no Código Civil (1916) – no dano causado por lesão corporal, a indenização, se for mulher solteira ou viúva, capaz de casar, segundo as circunstâncias do ofendido e a gravidade do defeito (art. 1.538, § 2º), valor de afeição quando a coisa não mais exista (art. 1.543), no exercício do pátrio poder a exigência de obediência e respeito (art. 384, VII).

Na aplicação de direitos fundamentais individuais, o Código Civil (1916) prestou-se ao agasalho do proporcional e do razoável, como direito à intimidade, o direito à privacidade, o direito de propriedade.

5. O princípio da proporcionalidade, também conhecido como princípio da proibição do excesso, pode ser entendido como princípio do Estado de Direito, ou direito fundamental, que vai desdobrar-se em vários aspectos ou até requisitos. A solução adotada para a efetivação do ato ou medida deve ser adequada a seu fim ou fins. Deve ser conforme aos fins que justificam a sua adoção. É o meio e fim. Pode ser invocado no exame do ato discricionário ou do ato vinculado, com a clássica oposição doutrinária de impedimento das razões desses atos. Também pode ser invocado no exame da finalidade das leis, com impugnação de regra da liberdade do legislador.

Como o cidadão deve ser protegido pelos atos estatais, as vantagens para ele são as mais amplas, claro, superadas pelo interesse público ou coletivo. Para fugir a essa proteção, a ação deve estar apoiada na impossibilidade de outra ação ou meio a não atingir o cidadão. A necessidade material será invocada para justificar o ato. A dimensão temporal justifica num espaço a ação examinada. A ação circunscreve-se às pessoas ou grupos, não podendo ter a abrangência total ou ilimitada. Em outras palavras: A ação poderia efetuar-se por outro meio mais eficaz?

Pergunta-se ainda, se o fim atingido com a ação é proporcional ao seu conteúdo. Se há proporção entre meio e fim.

É importante a explicação dos elementos integradores da proporcionalidade. São fundamentais na medida da obediência a eles, fugindo ao arbitrário, ao gosto do intérprete ou ao arbítrio interpretativo.

O elemento adequação entre meio e fim do ato (legislativo ou administrativo ou pessoal) significa a comprovação da medida pertinente ou apta para o fim pretendido ou estabelecido, o essencial ao objetivo escolhido. Então pergunta-se: Por quê? Para quê? Nessa conjugação de razão e fim, e meio de utilização para chegar-se ao fim, há a proporção necessária à prática. Veja-se, num exemplo de um ato exigente da exposição de todos os indivíduos, diante da polícia, à revista com mãos para o alto. O pretexto é a segurança pública, mas não há adequação entre o meio e o fim.

Outro elemento é a necessidade decorrente da exigência indispensável ao direito fundamental. O meio deve ser necessário para os objetivos pretendidos no ato. Não se examina a forma adotada, e sim como se ativará essa forma, a adoção do meio mais suave, e menos oneroso.

Outro elemento existe na relação entre custo e benefício de um ato. Se há vantagem e desvantagem com a utilização do meio usado. Quais os danos? Quais os resultados? Ainda que drástico, prejudicial, o benefício pode ser ótimo. Pode-se, também, cotejar entre dois direitos fundamentais, a ponderação entre eles, para a admissão do melhor, mais conveniente (ex.: a liberdade e o interesse público; a liberdade e a proteção individual). No exame do dano moral é fundado o recurso à razoabilidade e à proporcionalidade (Carlos Alberto Menezes Direito. Comentários ao novo código civil, Forense, p. 348; Yussef Said Cahali. Dano moral, 2ª ed., p. 175; STJ, REsp 295.175; 318.379 e 355.392; 345.755-0).

6. A proporcionalidade está na relação entre duas grandezas variáveis. Não vão além do necessário para a produção de concordância dos bens jurídicos (ver exercício da propriedade, do direito de vizinhança, do direito de construir, direito de levantar construções sem prejuízo dos vizinhos – art. 572 (CC/1916).

7. Para melhor adequação da proporcionalidade e da razoabilidade na aplicação do Código Civil, partimos de regras constitucionais de interesse privado, autêntica eficácia privada dos direitos fundamentais. A primeira, e mais importante, está no respeito à dignidade da pessoa humana (art. 50, I). Outras, no direito à intimidade, à vida privada, à honra, à imagem, e nas consequências, com o dano material e moral (CF, art. 5º, X). A casa como asilo inviolável (CF, art. 5º). No direito à associação (CF, art. 5º, XVIII) e no respeito à direção das cooperativas (CF, art. 5º, XVIII). A igualdade homem-mulher (art.). No extenso direito de propriedade, e em sua função social (CF, art. 5º, XXII). Acima de tudo, a preservação dos bens jurídicos (CF, art. 5º) (Daniel Sarmento. Direitos fundamentais e relações privadas, p. 293)

8. Em consequência, qualquer restrição à liberdade, à pessoa, ao exercício dos direitos sobre bens deve ser proporcional.

Por isso, a corrente da constitucionalização do Direito Civil, ou melhor, regras privadas (no Código Civil) protegidas pela Constituição.

9. Não é de hoje a busca do razoável, o ideal entre o meio e o fim. A busca dos objetivos.

Com visão kantiana, John Rawls faz grande distinção entre razoável e racional. Em conclusão primeira, o racional representa a busca individual da satisfação dos seus interesses e remete ao Bem. O razoável representa as limitações equitativas da cooperação social para o justo. Será um procedimento de construção que satisfaz o certo número de exigências razoáveis, assim as "pessoas caracterizadas como agentes racionais desse processo de construção definem, por sua concordância, os princípios primeiros de justiça" (Justiça e democracia, Martins Fontes, p. 47).

Busca-se assim a decisão justa, a interpretação consentânea com a realidade, como observa Perelman:

> O Juiz não pode considerar-se satisfeito se pôde motivar sua decisão de modo aceitável; deve também apreciar o valor desta decisão, e julgar se lhe parece justa ou, ao menos, sensata (Chaim Perelman. Lógica jurídica, Martins Fontes, 1998, p. 96).

10. Nosso consagrado Clóvis Beviláqua já advertira para a interpretação exata. Isso invoca-se para o enunciado da Súmula nº 400 do STF: "Decisão que deu razoável interpretação à lei, ainda que seja a melhor, não autoriza recurso extraordinário, pela letra a do art. 101, III, da Constituição Federal". Sobre isso há controvérsia, até no entendimento como paradoxal. Na verdade, este enunciado parte da possibilidade de mais de uma interpretação da lei. É comum que certo texto acolha mais de uma interpretação, às vezes, entre vários autores, com conclusões diversas. Qualquer aplicação razoável dessa interpretação é válida (RDP 23/109; RTJ 93/829, 92/1.134, 107/710, 89/873, 878).

A isso respondeu Clóvis Beviláqua:

> Supor que há somente um interpretação exata, desde que a lei é publicada até aos seus últimos instantes, é desconhecer o fim da lei[...], e conclui – na interpretação da lei, deve atender-se, antes de tudo, ao que é razoável (Clóvis Beviláqua. Teoria geral do direito civil, 3ª ed., 1966, p. 452, 1ª ed., 1908).

11. Passemos à aplicação desses pontos ao atual Código Civil. Por amor à metodologia apresentaremos as observações sobre os grandes temas dessa lei. Lembre-se, no entanto, que proporcionalidade, ainda com relações radicais em proporção, tem diferença. Porque proporção é a relação da parte com o todo, certa relação, como se vê na etimologia (proportio) - em relação, como proporcional está para grandeza. São linguagens gerais, diversas da linguagem típica de proporcionalidade. Isso vem à discussão porque o novo Código Civil aponta várias vezes a expressão – "na proporção (art. 1.107); "pagará o liquidante as dívidas sociais proporcionalmente" (art. 1.106); "o condomínio é obrigado, na proporção de sua parte (art. 1.315); sobre as forças de herança "em proporção da parte que na herança lhe coube" (art. 1.997), se os bens da sociedade não cobrirem as dívidas, "respondem os sócios pelo saldo, na proporção em que participem das perdas sociais (art. 1.023). Vê-se, portanto, essas expressões pela medida, de acordo com seus valores, e na extensão do todo. O STF já exigira a aplicação do devido processo legal ao processo de exclusão de sócio (RE 201.819 e RE 158.215) (CC, art. 57, e o respeito à dignidade humana, na submissão compulsória para a pesquisa do DNA, ao suposto pai (STF, HC 76.060-4).

12. A razoabilidade é um norte para o julgador, o aplicador da lei, o intérprete do Direito. No Código Civil, ainda que novo, muitas vezes enfrentará velhas regras, anacrônicas, ou não adaptadas ao nosso tempo. Caberá, então, buscar a sua atualidade, com o pensamento em Henri Lévy-Bruhl:

> O Juiz escravo do direito vivo mais que de sua norma imperfeita e esclerosada, deverá por todos os meios de que dispõe, procurar infletir o sentido dessa norma para uma solução equitativa, se necessário mesmo fazendo-lhe sofrer uma interpretação astuta e abusiva (Sociologia do direito, Martins Fontes, 1997, p. 33).

13. Naturalmente, como regra geral, comandará toda a interpretação do Código Civil o princípio constitucional da igualdade. Deve ser entendida, na linha preconizada por San Tiago Dantas:

> A igualdade civil, como a concebem talvez unanimemente os escritores, não é a uniformidade de tratamento jurídico, mas o tratamento proporcionado e compensado de seres vários e desiguais (San Tiago Dantas. Igualdade perante a lei e due process of law, Forense, 1953, p. 62).

14. Ao tratar da incapacidade absoluta o Código alista a enfermidade ou deficiência mental, relacionadas à falta do necessário discernimento (art. 3º, II). Claro, nessa linha, que será razoável admitir-se a compreensão, o entendimento do incapaz, de acordo com sua vida, posição social, cultura, grau de entendimento pessoal, numa razoabilidade desse conjunto. A mesma regra dá-se com a incapacidade relativa, aí nesse quadro, com discernimento reduzido (art. 4º, II).

Ao nomear o curador ao ausente, o juiz indicará poderes e obrigações num grau relacionado com as circunstâncias, logo, avaliará a razoabilidade da ausência, e suas consequências (art. 24).

Só entende-se a coação quando a declaração de vontade foi viciada por fundado temor de dano e considerável (art. 151). Nessa linha, é razoável a existência desses pressupostos.

Admite-se a correção do valor da prestação se, por motivos imprevisíveis, ocorrer desproporção manifesta entre esse valor e o momento da execução (art. 317). Assim, haverá a avaliação proporcional entre esses dois pontos.

Será perdida a posse de boa-fé, se nas circunstâncias presume-se a ignorância da posse indevida (art. 1.202). É necessário o socorro à razoabilidade para essa avaliação.

Nas relações de vizinhança é possível o impedimento ao uso da coisa, se houver interferência prejudicial à segurança, ao sossego e à saúde do vizinho (art. 1.277). Naturalmente, haverá o exame de razoabilidade na análise dessas condutas. O Supremo entendeu que a proibição de plantio, se provada ou justificada, sem justo motivo, é restrição, e ofende a proporcionalidade (STF, ADIn 2.623 - MC).

Quando pai ou mãe contrai novas núpcias, os filhos poderão ser retirados se não houver tratamento conveniente (art. 1.588). Assim, a conduta do pai ou da mãe será avaliada segundo a razoabilidade, na conjugação de dados sociais, psicológicos, econômicos etc. desses familiares.

Como entender-se a obediência de filhos aos pais (art. 1.634, VII), se não na análise da razoabilidade de atitudes nessa relação.

Na fixação de alimentos leva-se em conta a vida de modo compatível com a condição social (art. 1.694). Aplica-se a regra da proporcionalidade, determinada no § 1º desse artigo.

Na provocação ao herdeiro para a aceitação ou não da herança, pode ser requerido prazo razoável para essa manifestação (art. 1.807).

Na conceituação do abuso de direito leva-se em conta o exercício excessivo dos limites impostos pelo fim econômico ou social (art. 187). Entende-se, assim, que no exercício irregular de um direito, ou no excesso desse exercício, é importante o uso dos princípios da razoabilidade e proporcionalidade na avaliação desses limites.

O estado de necessidade afasta o ato ilícito se foi necessário à remoção do perigo, de modo indispensável (art. 188, parágrafo único). Deve ser razoável e proporcional essa atitude.

Na fixação de perdas e danos, o lucro cessante será calculado segundo o que razoavelmente não se lucrou (art. 402).

Na responsabilidade civil, a indenização mede-se pela extensão do dano (art. 944). Assim, deve ser proporcional ao fato e suas consequências, e razoável na sua fixação (Sérgio Cavalieri Filho. Programa de responsabilidade civil, 4ª ed., p. 92).

A boa-fé objetiva, contemplada como diretriz às relações obrigacionais, especialmente nos contratos (art. 422) (Judith Martins-Costa. A boa-fé no direito privado, RT, 199, p. 348), ou na relação entre boa-fé e abuso de direito (Menezes Cordeiro. Da boa-fé, p. 861; Pietro Perlingieri. Equilíbrio normativo e princípio di proporzionalità nei contratti, Revista Trimestral de Direito Civil, vol. 131).

Todos esses atos vêm presididos pelo princípio da dignidade humana, como direito à vida, não haver dívida exorbitante, prisão civil por dívida, mesmo porque a vida privada é inviolável (art. 21).

Em tudo, haverá a chamada lógica do razoável, de Luiz Recasens Siches, diferente da lógica matemática.

9

DEVIDO PROCESSO LEGAL: DIREITO ELEITORAL

1. A estrutura eleitoral brasileira leva a duas consequências: a rapidez do processo e a liberdade do sufrágio (Código Eleitoral, art. 297), ambas não escaparão da obediência ao devido processo legal, nos dois ângulos: substantivo e processual, e na adoção da razoabilidade e da proporcionalidade.

2. Na condição de elegibilidade a Constituição Federal (art. 16, § 9º) remete à lei complementar de inelegibilidades (*rectius*, Lei Complementar nº 64) o estabelecimento de outros casos de inelegibilidade, além dos indicados na Constituição, com a finalidade de proteção da probidade administrativa e a moralidade para o exercício do mandato, considerada a vida pregressa do candidato. No exame das inelegibilidades (LC 64) há grande margem para a incidência do devido processo legal, quer substantivo – hipóteses sem razoabilidade –, quer processual, ao permitir-se o julgamento segundo a convicção do juiz ou Tribunal segundo o exposto no processo (art. 7º, parágrafo único e art. 23). O analfabeto pode ser eleito, porém, não é elegível. Como identifica-se a condição de analfabeto? Qualquer forma de verificação, não razoável, atenta contra o devido processo legal.

É muito comum, no âmbito municipal, a rejeição das contas do prefeito pela Câmara Municipal, tornando-o inelegível, salvo se a questão estiver submetida ao Judiciário (LC 64, art. 1º, I, *g*). Essa inelegibilidade fica suspensa com a propositura da ação para desconstituir a decisão de rejeição (Súmula nº 1, TSE).

3. Na estruturação do partido político admite-se a aplicação do devido processo legal porque o partido é pessoa jurídica de direito privado, adquirida a personalidade jurídica no registro civil, porém, com registro perante o Tribunal Superior Eleitoral, a assegurar-lhe a participação no processo eleitoral (Lei nº 9.096, art. 7º, § 2º). A liberdade de formação do partido, e autonomia sobre sua estrutura interna, organização e funcionamento (CF, art. 17, § 1º, e Lei nº 9.096, art. 14) não podem servir ilimitadamente para a instituição de determinados pontos sem razoabilidade, como na fidelidade, segundo condutas tipificadas no estatuto (Lei nº 9.096, art. 23, § 1º). Essas condutas devem ser razoáveis, e a acusação de infidelidade impõe amplo direito de defesa (Lei nº 9.096, art. 23, § 2º).

O ataque mais forte ao partido será o cancelamento de seu registro, porém, precedido de processo regular (Lei nº 9.096, art. 28, § 1º).

Na estruturação externa é possível a limitação de coligações partidárias, admitida apenas para eleições majoritárias, excluída a municipal (STF, ADIn 1.407, voto Min. Celso Mello, *RTJ* 176/587).

4. O abuso do poder nas eleições tem sido combatido, na Constituição (art. 15, § 10) e no art. 41-A da Lei nº 9.504, com a possibilidade de cassação do registro ou diplomação, com a investigação judicial prevista no art. 22 da Lei Complementar nº 64/90, obedecido o devido processo legal.

5. Na fixação das punições derivadas da violação dos princípios da estrutura eleitoral, leva-se em conta a proporcionalidade na sua aplicação.

As multas eleitorais são fixadas segundo a condição econômica do eleitor (Código Eleitoral, art. 367).

A multa poderá ser aumentada até dez vezes, considerada a situação econômica do infrator, se o valor máximo for ineficaz (Código Eleitoral, art. 367, § 2º).

Prefeito acusado da captação de um voto, mediante entrega de uma caixa d'água. A consequência, segundo o art. 41-A da Lei nº 9.504/1997 seria a multa ou cassação do mandato. Entendeu o TSE, segundo o princípio da proporcionalidade, não haver resultado na obtenção do voto (a beneficiária declarou não ter votado no candidato) (TSE, Recurso Especial Eleitoral nº 19.739-BA).

Há importante acórdão do Superior Tribunal de Justiça que define a aplicação do devido processo legal na cassação de mandato eletivo, merecedor da transcrição da ementa:

> **Processual. Mandado de segurança. Cassação de mandato eletivo. Questão *externa corporis*. Proporcionalidade. Avaliação incidente. Devido processo legal substancial.**
> – O procedimento de cassação de mandato não envolve, apenas, questões "*interna corporis*". Os temas neles decididos operam "*ex-*

terna corporis", penetrando direito individual do mandatário. Tal procedimento é, assim, suscetível de pleno controle pelo Judiciário.
- Embora não possa o Poder Judiciário examinar os motivos políticos da cassação de mandato, é-lhe possível avaliar incidentalmente a relação de proporcionalidade entre a suposta falta de decoro e a sanção aplicada.
- A pena de cassação de mandato eletivo deve ser proporcional ao ato praticada pelo destinatário desta sanção. Ao deputado que, ao reagir contra ato que impedia sua entrada na Assembléia, ultrapassando os limites da urbanidade, não pe lícito aplicar-se a pena máxima, traduzida em perda do mandato. Do contrário, quebra-se da proporcionalidade, ofendendo-se ao que se convencionou chamar "devido processo legal substancial" (ROMS nº 14.170).

6. Na propaganda eleitoral o juiz deve estar baseado na proporcionalidade para o deferimento do direito de resposta, que será processado segundo o devido processo legal, com a notificação do ofensor para defesa em vinte e quatro horas (Lei nº 9.504, art. 58, § 2º).

É relevante o exercício do poder de política na propaganda amparado no art. 249 do Código Eleitoral. Aí o juiz determina restrições ou cancelamentos dentro da proporcionalidade da ofensa, baseado no conceito de propaganda lícita ou irregular.

Na gradação da pena por ofensa na propaganda partidária, o TSE usou o princípio da proporcionalidade (Representação nº 270/2000). Ainda na aplicação da pena de redução do tempo de propaganda, segundo a proporcionalidade (Repr. 341/2001).

7. Os prazos do processo eleitoral são exíguos (três dias para os recursos). Dir-se-á não ser proporcionalidade, mas objeta-se com a razoabilidade necessária para a conclusão desse processo. Os prazos do processo civil, em geral, não se coadunam com a rapidez na época eleitoral.

Todas as comunicações são urgentes, tanto que os advogados são notificados com antecedência mínima de vinte e quatro horas, por fax ou outro processo urgente (Lei nº 9.504, art. 94, § 4º).

8. O STF considerou razoável a vinculação do número de candidatos por partido às vagas da Câmara dos Deputados (Lei nº 9.504, art. 10, § 2º) (ADIn 1.813 - MC, Rel. Min. Marco Aurélio).

10

DEVIDO PROCESSO LEGAL E ABUSO DE PODER

1. O abuso de poder caracteriza-se pelo ato arbitrário do administrador público. Ele se excede no exercício do poder, ainda que ostente legitimidade ou legalidade para o ato normal. O abuso está na anormalidade do exercício com elevação para o excesso.

Expressões variadas são usadas para o excesso do administrador, derivadas do francês *dètournement du pouvoir* - desvio de poder e abuso de poder, este consagrado nas Constituições brasileiras, desde 1934 (art. 113, § 23 - *habeas corpus* contra o abuso de poder), até à Constituição de 1988 (art. 5, LXVIII - *habeas corpus* contra o abuso de poder; art. 5º, LXIX - mandado de segurança contra o *abuso de poder*; art. 5º, XXXIV - direito de petição contra abuso de poder; art. 5º, LXXII - *habeas data*).

2. Se determinado policial pretende entrar em uma casa para socorrer uma vítima ele pode encontrar dificuldades para arrombar a porta, mas unindo-se a outros indivíduos poderá superar o obstáculo. Diz-se por isso, que esse grupo tem força, singularizada no poder dessa penetração, poder *lato sensu* sociológico, que é capacidade individual ou grupal, porque todo grupo social, família, clã, tribo, Estado é uma organização do poder, para a realização de uma vontade, ainda que tenha de vencer a resistência oposta.

Para Burdeau o poder é a própria regra em sua plenitude, fundindo-se na ideia de direito, declarando mais, que o poder é necessário à realização do direito positivo (Le pouvoir politique et l"état. In: *Traité de science politique*). Reale objeta o ponto do mestre francês, não compreendendo como ele pode partir de uma posição objetiva para chegar a uma conclusão insustentável, equivalente à tese de Kelsen sobre a soberania como expressão da validade de uma ordem normativa (Teoria do direito e do estado, p. 95).

A aquisição ou o exercício do poder é condicionado por formas psicológicas, físicas ou intelectuais do indivíduo que o tem. Podemos observar a conotação entre autoridade e poder, sendo possível que este ocorra sem aquele e vice-versa, razão pela qual a pessoa exercerá o poder mais intensamente em vista de sua palavra fluente, de sua persuasão, de sua beleza física, de sua atuação pessoal ou do respeito intelectual. Assim, o poder será exercitado mais ou menos intensamente devido a fatores exógenos, nem sempre dependendo do seu agente. Burdeau considera o Estado o titular abstrato e permanente do poder e os governantes não são senão os agentes do exercício desse poder. Os agentes do poder procuram aliados para a consecução de seus objetivos através das organizações partidárias, das confrarias religiosas, das sociedades secretas, porém, essa agregação ou união não se baseia senão em vista de princípios e *modus faciendi* próprios daquele agrupamento ou união, a fim de atingir os objetivos colimados no uso do poder.

Para que haja hierarquia, um condicionamento, uma sujeição é necessária a estrutura do poder, na acertada expressão de Timasheff (*Introduction to the sociology of law*, p. 172), e esta estrutura não só vemos nas sociedades menores, como nas maiores, e exemplos clássicos encontramos na história da humanidade, de indivíduos sectários de determinadas facções ideológicas, procurando dominar outros povos (Alemanha nazista; Itália fascista).

O poder atraente induz o indivíduo ao exercício ilimitado da força do poder (Hobbes, *Leviatã* I, 10 e 14). Mas a sociedade precisa da estrutura do poder e do exercício de sua força para que haja um controle social e imposição de condições aos indivíduos no exercício de suas atividades. Porém, há uma limitação ao poder, necessária ao equilíbrio social, porque o poder ilimitado torna-se despótico e incoercível, sobrepujando os indivíduos, espezinhando-os, tutelando-os exageradamente, causando a revolta e a insatisfação. Lembremo-nos de Lord Acton, para quem o poder tende a corromper e o poder absoluto corrompe absolutamente. Já Miguel Reale expressa a impossibilidade da existência da positividade jurídica sem poder, porque logicamente muitos são os sistemas de direito que se equivalem, decorrendo de motivos metajurídicos a preferência por um ordenamento com exclusão de outros.

É necessária a existência de condicionamentos, de um freio aos possíveis exageros e às exacerbações através do Direito, da norma jurídica existente para o agente e o sujeito do poder, mantenedora da continuidade e estabilidade da ordem social. Para Luiz Legaz y Lacambra, a positividade é condicionada pelo poder, e o poder que positiviza é o poder soberano (*Introdución a la ciência del derecho*,

p. 253), ao contrário do pensamento de Kelsen para quem a norma fundamental idealizada pelo jurista é que positiva o direito (*Teoria general del estado*, p. 318).

É necessário assegurar ao indivíduo uma defesa diante do poder, quando este é excedido ou abusado, para que a sociedade viva em perpétuo e constante respeito, sem, no entanto, impedir o exercício legal do poder.

3. A limitação da extensão do abuso de poder está nos exatos termos da configuração do poder e do seu exercício pretensamente desenvolvido acima. Mas, não é tarefa fácil, porquanto a sede de poder, os desmandos, os desregramentos, influem substancialmente no condicionamento do exercício do poder. Por isso, Rui afirmou que:

> Poder não é ter a obrigação de fazer alguma coisa, não é estar adstrito a praticar alguma ação. É ter o direito, a competência, a autoridade para uma função, para um ato, para uma coisa. Usará dessa autoridade, exercerá essa competência, quando caiba, quanto importe, quando julgue. Não obrigatoriamente. Não fatalmente. Não cegamente. Mas, apreciativamente. Mas discricionariamente... Claro está que em todo o poder... que o exijam (*O art. 6º*, p. 25).

Assim, a exigência do poder para o seu exercício é de meridiana necessidade, sem a qual ou se concederá além do requerido e aí há abuso, ou então requisitado o exercício não o fizer.

Por isso, o poder tem necessidade de preservar a intangibilidade dos direitos, principalmente o direito individual, tão sublime como um dos maiores ideais de justiça e dever. No entanto, nem sempre o detentor do poder compreende ou pode aquilatar os seus atos, o alcance de suas ações, e o exercita demasiadamente dentro das regras legais, com excesso, assim acarretando o abuso desse poder. Sabiamente forjou-se o remédio para esse mal, essa idiossincrasia jurídica aos desmandos, e vamos encontrar a fórmula de combate, nos idos de 1215 na extraordinária conquista da Magna Carta. E seus efeitos fizeram-se sentir pelos tempos até se consolidar no mais puro e cristalino dos direitos, isto é, o socorro ao benefício do *habeas corpus*. Mas, a vida jurídica brasileira é fértil de exemplos de primazia, de eloquência e conquistas e isto verificamos na chamada doutrina brasileira do *habeas corpus*, capitaneada pelo grande idealista das liberdades individuais Pedro Lessa, quando a jurisprudência mais uma vez adiantou os contornos de um novo instituto, hoje bem difundido e requerido, o mandado de segurança. Essas duas medidas defensoras do direito líquido e certo e da liberdade individual estão colocadas no pedestal das grandes conquistas do homem no terreno jurídico, a fim de preservá-lo de ilegalidades e do abuso de poder, este por vezes tomado por outras denominações, mas o abuso de poder tem no Brasil delineamentos singulares, não se igualando a outros similares estrangeiros (Seabra Fagundes. *O controle*, p. 307). Interessa-nos o ponto de vista constitucional, isto é, a posição do abuso de poder diante do texto constitucional, sua existência nos vários atos da vida jurídica, quando eivados de abuso de poder e suscetíveis de combate através do mandado de segurança ou do *habeas corpus*.

4. Trata-se de um vício no ato praticado por uma autoridade que, no exercício de um poder, não atinge os seus objetivos, o bem público ou a finalidade de sua ação. Não se trata de um exercício fora da lei, assim teríamos a ilegalidade, nem a usurpação de uma função, aí teríamos um crime, mas a atividade de um poder, não exercido com as cautelas devidas, que ultrapassa os limites da sua ação, nem sempre endereçada dentro das suas atribuições (Rafael Bielsa, *Derecho administrativo y ciência de la administración*, 2ª ed., vol. I, p. 165), ou finalidade.

5. Para a identificação do abuso de poder, parte-se da aplicação do devido processo legal, nas regras formadoras desse princípio – a razoabilidade e a proporcionalidade.

O princípio da proporcionalidade contém o uso arbitrário do poder, e compatibiliza a aplicação da lei à razão e à justiça, e limita o juízo discricionário obediente aos princípios da razoabilidade e da proporcionalidade (Celso Antônio Bandeira de Mello. *Discricionariedade e controle jurisdicional*, Malheiros, 1992, p. 96).

A proporcionalidade limita e condiciona o poder excessivo, subordinando-o ao Direito, com a finalidade (Ruy Cirne Lima. *Princípios de direito administrativo*, p. 21), tanto que a Constituição (Emenda Constitucional nº 19, art. 3º, redação ao art. 37, § 3º, III) admite a representação contra o exercício abusivo de cargo, emprego ou função na Administração Pública. Também não se admite a multa administrativa pela mora do serviço (licitação – art. 86 da Lei nº 8.666) em percentual abusivo (STJ, REsp 330.677).

6. Destaque-se o abuso de poder legislativo, ou do legislador, e o seu exame segundo o devido processo legal.

A norma legal é diversa do ato administrativo, sem possibilidade de apropriação automática da discricionariedade administrativa.

Entretanto, o exame da lei e os limites impostos ao legislador são apreciados segundo os ditames constitucionais. No entanto, o legislador pode excedê-los, a configurar o abuso (Jorge Miranda. *Manual de direito constitucional*, 2001, tomo VI, p. 40).

7. O devido processo legal substantivo representa limite ao Poder Legislativo, isto é, as leis devem ser elaboradas com justiça e racionalidade. As leis devem ser, sobretudo, razoáveis, devem guardar um real e substancial nexo com o objetivo que se quer atingir, e aqui reportamos a Oliver Holmes (ver voto Min. Carlos Velloso, *RTJ* 177 / 119).

O devido processo legal substantivo restringe os poderes do legislador.

A primeira aplicação do *substantive due process* ocorreu no caso *Lochner v. New York*, em 1905, que considerou incompatível com o direito ao trabalho a lei de Nova York que limitou a sessenta horas semanais a jornada de trabalho dos trabalhadores de panificação.

Se a lei diferenciadora ou classificadora é arbitrária, e portanto contrária ao Direito, fere o devido processo legal (San Tiago Dantas, *Problemas de direito positivo*, p. 63).

O Estado não tem competência ilimitada para a legislação, acarretando situações distorcidas, como acentuou acórdão do STF (ADIn 1.063, *RTJ* 178/39; ADIn 2.667-4). Afirmou o Min. Celso de Mello que o devido processo legal neutraliza os efeitos prejudiciais decorrentes do abuso de poder legislativo, porque a atribuição legislativa é limitada, e, portanto, não se pode legislar ilimitadamente.

A norma sem razoabilidade configura abuso de poder estatal, comprometedor da função legislativa do Estado (STF, SS nº 1.320, Min. Celso de Mello).

Em 1967 intenso debate, no Supremo Tribunal Federal, mostrou a possibilidade do exame do abuso de poder de emenda legislativa. Discutia-se lei de organização judiciária para beneficiar apenas um servidor. A emenda deveria ter conexão com o projeto principal (RMS 16.912, Rel. Min. Djaci Falcão).

Mais recentemente, a Corte reafirmou a possibilidade do exame do abuso de poder no controle da constitucionalidade, negando ao Estado a legislação abusiva, com vedação dos excessos normativos, sem proporcionalidade ou razoabilidade (ADIn nº 1.407-2). A teoria do abuso de poder legislativo mostra os excessos no exercício arbitrário da função de legislar (ADIn 2.667). Não constitui abuso de poder a exigência da avaliação periódica de instituições universitárias e cursos (ADIn nº 1.511-7).

8. Quando se pede a prestação jurisdicional para a alegação de uso excessivo da Administração, do excesso da discricionariedade, não se prejudica o poder da Administração de praticar atos legítimos, dá justiça ao ato administrativo (Canotilho, 5ª ed., p. 268). Ora, a proibição do excesso exige a adequação necessária e proporcional para a validade do ato da Administração. O poder discricionário pauta-se pela existência do binômio – meio e fim. Responda-se com Perelman:

> A tarefa da administração pública seria impossível sem uma presunção de legalidade de sua ação, podendo essa presunção ser derrubada por uma decisão da justiça nos casos em que a administração, em vez de exercer a liberdade de juízo que lhe é sempre concedida nos limites da lei, abusou de seu poder para cometer atos ilegais, seja por excesso, seja por desvio de poder (*Lógica jurídica*, Martins Fontes, p. 203).

9. O mandado de segurança é grande instrumento para a aplicação do devido processo legal quando há abuso de poder do administrador, como aliás, permite a Constituição Federal (art. 5º) (Adilson Abreu Dallari. Desvio de poder na anulação de ato administrativo. In: *Aspectos polêmicos e atuais do mandado de segurança*, RT, 2002, p. 26).

11

CONTROLE DA CONSTITUCIONALIDADE E PROPORCIONALIDADE. A JURISDIÇÃO CONSTITUCIONAL

1. Paulo Bonavides foi um dos precursores dos estudos sobre o princípio da proporcionalidade no Brasil, com o destaque para este tema: "o controle de proporcionalidade é, de natureza, expressão mesma do controle de constitucionalidade" (*Curso de direito constitucional*, 14ª ed., p. 399). Aqui, apanharam-se as lições de Bonavides para a aplicação da proporcionalidade no controle da constitucionalidade. Como o juiz da constitucionalidade, no Supremo Tribunal ou em outro tribunal, poderá usar a proporcionalidade como instrumento desse controle? De qualquer forma. Como princípio constitucional instrumental, vamos buscar a lição de Carlos Ayres Britto: "servindo, então, para que o juiz dos casos concretos sopese os fatos e opte por aquele princípio material que mais próximo estiver do valor dos valores, que é a Democracia" (*Teoria da Constituição*, Forense, 2003, p. 197).

Mas afinal qual o conceito de proporcionalidade a ser usado, em geral, e em especial, no Juízo constitucional. Ainda ensina Bonavides:

> Em sentido amplo, entende Muller que o princípio da proporcionalidade é a regra fundamental a que devem obedecer tanto os que exercem quanto os que padecem o poder. Numa dimensão menos larga, o princípio se caracteriza pelo fato de presumir a existência de relação adequada entre um ou vários fins determinados e os meios com que são levados a cabo (*Curso de direito Constitucional*, 14ª ed., p. 393).

2. No particular deste escrito, conduzimos o juiz constitucional a pontos, a iniciarem-se na supremacia da Constituição, donde a permanente afirmação de presunção de constitucionalidade. Na abstração de regras o juiz constitucional deve responder à pergunta de Perelman: "Mediante quais procedimentos intelectuais o juiz chega a considerar tal decisão como equitativa, razoável ou aceitável, quando se trata de noções eminentemente controvertidas? (*Lógica jurídica*, Martins Fontes, p. 138).

3. A proporcionalidade tem pressupostos de apoio. A adequação da norma, na relação entre meio e fim. Será adequada aquela solução para atingir o desejado pelo legislador? As medidas são aptas aos objetivos colimados. Adota-se solução legislativa para atingir uma consequência, e a norma legal desprovida de generalidade ofende o devido processo legal (STF, ADIn 1.355-6).

Aquela solução tem apoio na necessidade, ou na sua exigibilidade Outro meio não seria eficaz para os objetivos pretendidos. O adequado pode ser necessário, mas o necessário não pode ser inadequado. A necessidade liga-se ao útil, sem excesso, tanto que a Constituição portuguesa proíbe o excesso, apenas as restrições limitadas ao necessário para salvaguardar outros direitos ou interesses (art. 18, II). As restrições a direitos partem da restrição imposta em lei (reserva legal), que leva à legitimidade dos meios utilizados e dos fins buscados pelo legislador (sobre regras e princípios, ver Ronald Dworkin. *Levando os direitos a sério*, Martins Fontes, p. 113).

4.. A proporcionalidade também suporta-se em limitações legislativas, porém, adequadas, necessárias e proporcionais.

5. Qual o assento constitucional para o princípio da proporcionalidade? Se outros sistemas discutem a falta desse apoio, o nosso sistema, é forte, ainda que não nominal. Antes de tudo no devido processo legal (art. 5º). No caráter jurídico dos direitos fundamentais. Na ideia de justiça, no Estado de Direito, contra o arbítrio.

Para a preservação da dignidade humana, as intervenções estatais nos direitos fundamentais, respeitam a necessidade. Se o Estado vai além do indispensável, há a degradação do objeto.

No direito à igualdade haverá a legitimação do tratamento desigualitário. Prossecução do fim e proporcionalidade do desigual. Pergunta Canotilho: É o tratamento desigual adequado e exigível para alcançar um determinado fim? E Canotilho responde com a possibilidade do controle do princípio da igualdade pelo princípio da proporcionalidade (*Direito constitucional*, 5ª ed., p. 1.279; Joaquim B. Barbosa Gomes. *Ação afirmativa e princípio constitucional da igualdade*, Renovar, p. 61).

O princípio da igualdade junta-se ao devido processo legal, e fatalmente impõe a razoabilidade na apreciação da lei arbitrária. O

Supremo Tribunal examinou essa hipótese ao considerar razoável a proibição de financiamento de campanhas eleitorais por entidade sindicais (ADIn 1.076, *RTJ* 176/82).

Observa, a propósito, Eros Roberto Grau:

> O princípio da proporcionalidade é princípio do direito brasileiro. A própria Constituição, aliás, contempla inúmeras regras que lhe conferem concreção. Na medida em que condição da legalidade, ele a completa, de sorte que, sem a sua integração a ela, esta (a legalidade) não estaria plenamente contemplada no Direito brasileiro (e mais, a proporcionalidade penetra o direito brasileiro através da cláusula inscrita no parágrafo 2º do artigo 5º da Constituição de 1988 (*RDA* 220/290).

6. Trabalhando na convivência com o devido processo legal, a razoabilidade é sempre necessária na interpretação da lei, apenas colocação continental, nos Estados Unidos a ênfase ao razoável, e na Europa ênfase ao proporcional, tanto que o sistema americano entende o razoável (*reasonable*) como adequado, plausível, justificável (William C. Burton, *Legal thesaures*, 2ª ed., p. 883) (Fábio Corrêa Souza de Oliveira. *Por uma teoria dos princípios – o princípio constitucional da razoabilidade*, Lumen Juris, 2003, p. 255).

7. O juiz constitucional examina numa interpretação a conciliação da lei com a Constituição, sem a anulação dessa lei, que pode ser interpretada em consonância com a Constituição. Parte-se, assim, da presunção da constitucionalidade. Como observa Bonavides, esse método – o ato interpretativo não desprestigia a função legislativa nem tampouco enfraquece a magistratura nos poderes de conhecer e interpretar a lei pelo ângulo de sua constitucionalidade (*Curso*, p. 524; Gilmar Ferreira Mendes. *Jurisdição constitucional*, Saraiva, p. 227).

8. Já a ponderação trata da avaliação de razões favoráveis e contrárias a uma solução (Daniel Sarmento. *A ponderação de interesses na Constituição Federal*, Lumen Juris, p. 154).

9. Como conciliar conflitos de normas constitucionais? É necessário, porque podem ocorrer. Exemplifique-se com o direito de reunião (art. 5º) e o direito de defesa (portar arma nessa reunião). A liberdade de imprensa e o direito à imagem. No direito de associação, a existência de juízo de razoabilidade dos fins públicos. Se podem ser substituídos por outras associações.

Fatalmente os métodos de interpretação constitucional darão esses caminhos, pelo menos na preservação do maior valor, mas poderá existir colisão entre os diversos critérios materiais.

O princípio da proporcionalidade aplica-se como método de interpretação da lei conforme a Constituição, mas a interpretação da lei é anterior à aplicação da proporcionalidade. Como observa Canotilho, haverá a compatibilidade entre a teoria da legislação e a metodologia da interpretação (*Constituição dirigente*, 2ª ed., p. 183). No conflito, há necessidade da estruturação da validez das normas, com o seu critério estrutural sua fundamentação será correta.

10. Há campo propício à aplicação da proporcionalidade aos efeitos da decisão de inconstitucionalidade. A tradicional doutrina afirma a nulidade da lei, e portanto, efeitos *ex tunc*. Na Constituição portuguesa (art. 282, nº 4) o Tribunal Constitucional poderá fixar os efeitos da inconstitucionalidade. No Brasil, a Lei nº possibilita a fixação de efeitos *ex tunc* ou *ex nunc*, ou também dita para o futuro (STF, *RTJ* 184/407). Isso exigirá a aplicação do princípio da proporcionalidade, a variar de caso a caso (STF, MC/AC 189-7, Rel. Min. Gilmar Mendes, DJ 15.04.2004, p. 14; Rui Medeiros. *A decisão de inconstitucionalidade*, Universidade Católica Editora, Lisboa, 1999, p. 702).

11. Como o Supremo Tribunal tem aplicado o princípio da proporcionalidade?

De longe, vislumbra-se o repúdio da Corte ao excesso no poder de tributar. Este não pode chegar ao poder de destruir, aquele só pode ser exercido dentro dos limites compatíveis com a liberdade de trabalho, comércio e indústria (STF, RE 18.331, *RF* 145/164, 1953).

O STF não considerou proporcional a pena acessória imposta ao profissional acusado de crime contra a segurança nacional. Entendeu-se – "cruel quanto à desproporção entre a situação do acusado e as consequências da medida" (HC 45.232, *RTJ* 44 / 327).

O legislador não pode estabelecer condições de capacidade para exercício da profissão, na medida entre o necessário e o objetivado na exigência dessas condições (Repr. 930).

Foi declarada a inconstitucionalidade do art. 86 da Lei nº 4.215 e da Lei 5.681 (que alterou o Estatuto da OAB) que impedia o exercício da advocacia aos magistrados apresentados até dois anos da aposentadoria (Repr. 1.054).

A elevação da taxa judiciária deve ser proporcional ao custo real dos serviços e o montante a que pode ser compelido o contribuinte ao pagamento (STF – Repr.1.077), entretanto, considerou inexistir ofensa ao livre acesso à Justiça, se a taxa judiciária leva em conta o valor da causa, com o máximo de valor (ADI 2.078).

A obrigatoriedade da pesagem dos botijões de gás no caminhão de entrega não era proporcional, porque impraticável, oneroso, e de nenhum efeito (ADIn 855).

Veja-se a aplicação do devido processo legal na ação declaratória de constitucionalidade (ADC nº 1, *RTJ* 157/385).

12. O princípio da proporcionalidade tem seus críticos, como observa Bonavides, e responde a todos (*Curso de direito constitucional*, 14ª ed., p. 428).

13. Caracteriza-se como importante a aplicação do princípio da proporcionalidade no controle da constitucionalidade. O juiz constitucional busca a adequação da norma à Constituição, e muitas vezes não há confronto, senão mediante a utilização dos princípios que ornam a proporcionalidade (Gilmar Ferreira Mendes. *Direitos fundamentais e controle de constitucionalidade*, Celso Bastos Editora, 2 ed., p. 71; Maria Rosynete Oliveira Lima. *Devido processo legal*, Sérgio Fabris, p. 231; Suzana de Toledo Barros. *O princípio da proporcionalidade e o controle de constitucionalidade das leis restritivas de direitos fundamentais*, 3ª ed., Ed. Brasília Jurídica, p. 181; Paullo Armínio Tavares Buechele. *O princípio da proporcionalidade e a interpretação da Constituição*, Renovar, p. 151; C. A. Lúcio Bittencourt. *O controle jurisdicional de constitucionalidade das leis*, p. 90; Ricardo Haro. *El Control de razonabilidad em la Corte Suprema de Justicia de la nación Argentina*, Estudos Paulo Bonavides, Del Rey, 2005, p. 703).

14. É importante o exame da atuação do Senado Federal no processo da jurisdição constitucional do STF, porque o art. 52, X, § 7º, dá ao Senado a competência para a suspensão da execução da lei declarada inconstitucional pelo STF. Implica a extensão dessa competência, e seus limites, à luz do devido processo legal (ver STF, Reclamação nº 4.335 (voto Min. Celso de Mello; CPC (2015) – art. 539); Parecer do Procurador-Geral da República José Carlos Moreira Alves).

12

DEVIDO PROCESSO DE DIREITO

1. Em 1991, ao receber Ives Gandra da Silva Martins na Academia Brasileira de Letras Jurídicas, no Rio de Janeiro, acentuei, entre as várias facetas do empossado, o amor ao Direito, ao trabalho e às grandes teses jurídicas de interesse nacional. Por isso, lanço nova versão do devido processo legal, mais avançada, e mais abrangente daquilo que todos, Ives e nós, desejamos na aplicação do Direito.

2. Quando examinamos o *due process of law*, verificamos que o devido processo ocorre na lei, e não no Direito (na origem, *rights*). Portanto, é importante a distinção entre lei e Direito para perceber a maior extensão deste, se não aquele inserido neste. O exame do devido processo legal não invalida o devido processo de direito, em ambos o comando – o devido processo, a obediência a ele. Há princípios de direito acima do escrito, ainda que não estejam escritos, ou que desapareçam da Constituição ou das leis, eles não morrerão, são imperecíveis, como o juiz natural, a igualdade, a ampla defesa. Na verdade, sempre existiram desde a Bíblia, João Sem Terra, a Declaração dos Direitos Humanos etc. Pressenti tal colocação em escrito anterior onde os princípios estavam imanentes (Roberto Rosas. *Direito processual constitucional*, Saraiva, 3ª ed.). Celso Antônio Bandeira de Mello é incisivo nesse sentido: há mandamento

3. Há regras jurídicas (*rectius* – de direito) que prescindem de lei, porque são imanentes à estrutura do Estado. Elas não são escritas, ou ainda escritas, simplesmente programáticas, aproximam-se de princípios, que são superiores à lei, transcendem a própria lei. Mandamento nuclear de um sistema, que está acima das normas, daí conclui-se que a violação do princípio é muito mais grave do que transgredir uma norma qualquer (*Curso de direito administrativo*, Malheiros, 9ª ed., p. 574). São autênticas declarações de direito, cuja reafirmação melhoram o direito, ou, como acentua Giovani Sartori, "em temas vitais como este, uma certa redundância não faz mal" (*A engenharia constitucional*, p. 209).

4. Como compatibilizar o sistema americano com o sistema jurídico continental, origem do brasileiro?

Neste, de formação romanista, o Direito revela-se por meio de fontes escritas, naquele a lei tem papel secundário. No sistema anglo-saxão, a decisão judicial tem mais atividade do que a lei, e a decisão é a fonte principal de direito.

Essa dificuldade existe no sistema romanista, porém, não no americano. Lá a decisão judicial parte do precedente, ou no caso individual, tanto que Oliver Holmes marcou que o devido processo legal depende das circunstâncias. Já para Frankfurter é um delicado processo de adaptação.

5. O Estado democrático de direito é a própria base da Federação na união indissolúvel dos Estados, Municípios e do Distrito Federal, assim diz a Carta Magna (art. 1º) (Lúcia Valle Figueiredo. Estado de direito e devido processo legal, *RDA* 209/7).

6. Para a garantia dos direitos é necessária a efetividade desses direitos. Devemos partir da moderna concepção processual da finalidade de seu contexto, no sentido de tornar eficaz a atuação da Justiça, na conciliação da efetivação com a segurança jurídica. Portanto, efetividade e instrumentalidade processuais são elementos fundamentais a entender-se qualquer reforma, na busca de soluções, ao lado de outros princípios regedores do processo civil – o devido processo legal e o acesso à Justiça. Às garantias constitucionais formais acrescentam-se as garantias sociais. Nos direitos humanos fala-se dos direitos sociais como direitos humanos de segunda geração. Estes são direitos que se destinam a fazer com que os direitos tradicionais ou de primeira geração (entre eles as garantias constitucionais do processo) tornem-se efetivos (Mauro Cappelletti. *Os problemas de reforma do processo civil nas sociedades contemporâneas*, Juruá, 1994, 1994; *L'effectivité des décisions de justice* – Travaux de L'Association Henri Capitant, tome XXXVI, 1985).

Entende-se como efetividade do processo a capacidade do exaurimento dos objetivos legitimadores no contexto jurídico, social e político (Cândido Dinamarco. *A instrumentalidade do processo*, 1986, p. 253). Pode-se temer, e até criticar o excesso na aplicação da efetividade, como risco inerente a todo o excesso. No entanto, observa

Barbosa Moreira que interessa antes de tudo a atuação do processo. Qualquer exagero sofre o repúdio como todo tipo de abuso (J. C. Barbosa Moreira, *Revista da Academia Brasileira de Letras Jurídicas*, 7/200). Ao lado da efetividade, impõe-se a instrumentalidade, observada por Humberto Theodoro Júnior como a consecução da efetividade do direito material (*Fraude contra credores – a integração da tutela jurisdicional*, Del Rey, 1996, p. 23). É necessária a agilidade dos pleitos, para o descongestionamento do aparelho jurídico e facilitar a composição dos litígios (J. C. Barbosa Moreira. Os novos rumos do processo civil – *Rev. de Processo* 78/139).

Para as diretrizes sobre a efetividade do processo, tomo como norte um dos primeiros trabalhos sobre o tema no Brasil: o processo deve dispor de instrumentos adequados a todos os direitos; o resultado da demanda deve assegurar ao vitorioso a utilidade necessária com o mínimo de esforço e gasto (José Carlos Barbosa Moreira. Notas sobre o problema da efetividade do processo. In: *Estudos de direito processual em homenagem a José Frederico Marques*, 1982, p. 203).

Há o corolário dessas regras, na atuação do juiz, superando a antiga regra do julgamento segundo o alegado pelas partes como o magistrado atuante na busca da verdade real (*iudex secundum allegata et probata partium iudicare debet*). O juiz não é simples espectador na pugna judicial, determinando provas e diligências necessárias ao debate judicial, ao contrário do processo penal, onde o princípio acusatório domina o âmbito da demanda, no processo civil é a atuação dos princípios dispositivo e da demanda. Tudo, no entanto, numa demonstração de imparcialidade.

7. Insere-se entre modos modernos da garantia de direitos – que eles sejam proporcionais e razoáveis, com base no devido processo legal substantivo.

O razoável está relacionado à razão (*ratio*) e ao verbo *reri* (crer, julgar, pensar). O homem é animal razoável com meios e fins. A razão pode ser matemática ou filosófica, nesta há faculdades orientadoras do conhecimento da verdade. A razão é bom senso, prudência (Ferrater Mora, *Dicionário de filosofia*).

Aristóteles desenvolveu o conceito de razão e defendeu a reta razão, com a Justiça no meio-termo (Ética a Nicômaco). A reta razão desdobra-se na proporcionalidade, igualdade e equidade. O julgamento é razoável quando se empregam critérios de discernimento, equidade, inteligência (Aristóteles. Ética a Nicômaco, p. 109). Já Santo Tomás de Aquino pregou a reta razão como a síntese das virtudes morais – a temperança, a prudência, a força, a justiça. Da razão chega-se à justiça, e acima de tudo à virtude (Suma Teológica). Mais recentemente, Perelman estuda a reta razão, partindo da multiplicidade de soluções, mas, no caso concreto, a melhor solução é razoável, no equilíbrio entre o absoluto e o mínimo. Exemplifica:

> A cada vez que o Juiz deve decidir se houve falta, negligência, imprudência, quando cabe precisar um padrão (agir como bom pai de família), determinar as consequências prejudiciais de um ato faltoso, encontra-se regularmente nos acórdãos o recurso à ideia daquilo que é ou não é razoável (Ética e direito, Martins Fontes, p. 431).

Portanto, estamos diante de ideias apropriadas pelo jurista para chegar à justiça. A liberdade para o exame da razoabilidade da lei ou de uma decisão (pública ou privada) que não pode tomar o rumo daquilo que Robert Bork chamou de sedução política do Direito (*The thempting of America*), ou, como acentuou Perelman, há limite à tolerância, e é o desarrazoado que não é aceitável (Ética e direito, p. 432).

O princípio da proporcionalidade, também conhecido como princípio da proibição do excesso, pode ser entendido como princípio do Estado de Direito, ou direito fundamental, que vai desdobrar-se em vários aspectos ou até requisitos. A solução adotada para a efetivação do ato ou medida deve ser adequada a seu fim ou fins. Deve ser conforme nos fins que justificam a sua adoção. É o meio e fim. Pode ser invocado no exame do ato discricionário ou do ato vinculado, com a clássica oposição doutrinária de impedimento das razões desses atos. Também pode ser invocado no exame da finalidade das leis, com impugnação de regra de liberdade do legislador.

Como o cidadão deve ser protegido pelos atos estatais, as vantagens para o ele são as mais amplas, claro, superado pelo interesse público ou coletivo. Para fugir a essa proteção, a ação deve estar apoiada na impossibilidade de outra ação ou meio a não atingir o cidadão. A necessidade material será invocada para justificar o ato. Na dimensão temporal justifica-se num espaço a ação examinada. A ação circunscreve-se às pessoas ou grupos, não podendo ter a abrangência total ou ilimitada. Em outras palavras, a ação poderia efetuar-se por outro meio mais eficaz?

Pergunta-se ainda se o fim atingido com a ação é proporcional ao seu conteúdo, se há proporção entre meio e fim (Celso Bastos. *Hermenêutica e interpretação constitucional*, p. 175).

É importante a explicação dos elementos integradores da proporcionalidade. São fundamentais na medida da obediência a eles, fugindo ao arbitrário, ao gosto do intérprete ou ao arbítrio interpretativo.

O elemento adequação entre meio e fim do ato (legislativo ou administrativo) significa a comprovação da medida pertinente ou apta para o fim pretendido ou estabelecido, o essencial ao objetivo escolhido. Então pergunta-se: Por quê? E para quê? Nessa conjugação de razão e fim, e meio de utilização para chegar-se ao fim, há a proporção necessária à prática. Veja-se, num exemplo de um ato exigente da exposição de todos os indivíduos, diante da polícia, à revista, com mãos para o alto. O pretexto é a segurança pública, mas não há adequação entre o meio e fim.

8. A moralidade administrativa insere-se entre os elementos do devido processo, tanto que a Constituição ao exigir sua aplicação (art. 37) vai pautar a Administração Pública dentro desses postulados.

9. O princípio da legalidade deve presidir a obediência do administrador à lei. Como observa José Afonso da Silva, basta o princípio da legalidade como suficiente à estrutura do Direito, porque este é maior do que a lei (*Curso*, 12ª ed., p. 112), e o conjunto de regras para o Estado Democrático de Direito está no art. 1º da Constituição, e não somente na lei.

10. O controle judicial, como consequência do princípio do juiz natural, é a garantia contra o arbitrário e o irrazoável, tanto que a Declaração Universal dos Direitos do Homem (1948) assegura a toda pessoa o recebimento dos recursos próprios perante os tribunais (art. 8º).

11. A tudo presidirá a justiça social, na busca do bem comum.

13

DESCONSIDERAÇÃO DA PERSONALIDADE JURÍDICA

A defesa da personalidade jurídica é inerente ao ser humano, e integrado na vida em sociedade. Entretanto, essa personalidade pode ser desviada, ou usada para fins escusos, ou em prejuízo de outrem. Por isso, o art. 50 do Código Civil determina que em caso de abuso, os bens particulares dos administradores ou sócios de uma pessoa jurídica serão atingidos. Esse fato é comum numa sociedade onde o sócio abusa da sua condição e causa prejuízo a terceiro, especialmente o Fisco. Para garantia da efetividade dessa medida, é essencial a segura atuação judicial, porque não basta o desvio da personalidade, e sim a existência do prejuízo, oriundo de um real abuso. Não bastam as aparências na existência ou na consequência.

14

CÓDIGO DE PROCESSO CIVIL (2015) E DEVIDO PROCESSO LEGAL

1. O Código de Processo Civil (2015) está fortemente baseado no princípio da segurança jurídica, na impossibilidade de imotivadas mudanças jurisprudenciais ou de linha de orientação.

2. O art. 8º traz grande expressão da obediência ao devido processo legal:

> Ao aplicar o ordenamento jurídico, o juiz atenderá aos fins sociais e às exigências do bem comum, resguardando e promovendo a dignidade da pessoa humana e observando a proporcionalidade, a razoabilidade, a legalidade, a publicidade e a eficiência.

Significa, portanto, que a razoabilidade e a proporcionalidade devem embasar as decisões judiciais. A proporcionalidade, como forma de solver a colisão de normas.

Já na colisão entre princípios ou direitos, a proporcionalidade será invocada (CPC, art. 489, § 2º), bem como na regra da duração razoável do processo, de origem constitucional, será levada em conta a proporcionalidade para exigi-la ou afastá-la (CPC, arts. 4º e 6º).

3. A motivação da sentença como imposição constitucional é tratada com atenção. É clara a distinção entre sentença motivada e sentença simplesmente motivada. Motivação não significa extensão, e sim a apresentação de fundamentos sustentáveis (CPC, arts. 11 e 489, § 1º).

4. No importante capítulo da cooperação internacional observar-se-á o respeito às garantias do devido processo legal no Estado requerente (CPC, art. 26, I). Para o cumprimento da carta rogatória no Superior Tribunal de Justiça observam-se as garantias do devido processo legal. São duas regras conjugadas, a atividade cooperada no Brasil observa se o pedido foi realizado no Estado estrangeiro segundo o devido processo legal alienígena, já no cumprimento de um pedido judicial estrangeiro serão observadas as garantias do devido processo legal brasileiro (citação, contraditório, ampla divulgação prévia do julgamento).

5. A proporcionalidade será aplicada como forma de solver colisão de normas, porque, de acordo com o art. 489, § 2º, do CPC o juiz deve justificar o critério de ponderação para acabar com o conflito de normas.

6. A boa-fé processual impõe comportamentos necessários, baseados na cooperação, na efetividade, na confiança.

7. Os meios mecânicos são imprescindíveis à divulgação dos atos processuais, mediante a publicação, não mais no suporte papel, e sim no eletrônico.

8. As citações e intimações dar-se-ão por meio eletrônico, com rapidez e segurança (CPC/2015, art. 246, V).

9. A troca epistolar entre as várias áreas da Justiça e as partes tem grande simplificação e segurança.

10. Hoje não há mais a necessidade de os contratos serem feitos em papel, principalmente a contratação do advogado com seu cliente, com características próprias (ex.: a dispensa de testemunhas).

11. A obediência ao devido processo legal domina todo o processo civil, e certamente o Código de Processo Civil.

15

SAN TIAGO DANTAS – IGUALDADE PERANTE A LEI E DUE PROCESS OF LAW (RIO – 1953)

Este trabalho é pioneiro na apreciação do devido processo legal no Brasil. Seu autor, San Tiago Dantas, foi grande professor da Faculdade Nacional de Direito, hoje Universidade Federal do Rio de Janeiro, um dos mais eminentes juristas e advogados. Este trabalho foi publicado no livro – *Problemas de direito positivo*, Forense, 1953.

IGUALDADE PERANTE A LEI E *DUE PROCESS OF LAW*

CONTRIBUIÇÃO AO ESTUDO DA LIMITAÇÃO CONSTITUCIONAL DO PODER LEGISLATIVO

O PROBLEMA DA LEI ARBITRÁRIA

1. O problema da *lei arbitrária,* que reúne formalmente todos os elementos da lei, mas fere a consciência jurídica pelo tratamento absurdo ou caprichoso que impõe a certos casos, determinados em gênero ou espécie, tem constituído, em todos os sistemas de Direito Constitucional, um problema de grande dificuldade teórica e de relevante interesse prático.

Geralmente esse problema se apresenta a propósito das chamadas *leis especiais.* O Poder Legislativo resolve criar para um gênero de casos, ou mesmo para casos concretos determinados, uma norma especial, diferente da que rege os casos gerais. Essa diferenciação, muitas vezes se justifica e satisfaz a consciência jurídica. Outras vezes, e porém, sentimos que é arbitrária, e que os princípios do direito se insurgem contra o seu reconhecimento e aplicação.

Daí, duas questões se originam:

1ª, qual o critério técnico-jurídico que nos permite distinguir a lei *arbitrária* da lei especial *justificada?*

2ª, admitindo que exista tal critério, pode ele funcionar praticamente, autorizando o Poder Judiciário a recusar aplicação à lei arbitrária?

O problema tem grande atualidade, entre nós. Como é sabido, o Poder Judiciário exerce o controle dos atos administrativos, anulando-os quando contrários à lei em vigor, mas censura os atos legislativos apenas quando contradizem um preceito constitucional.

Daí resultou, durante o período ditatorial, em que os Poderes Legislativo e Executivo estiveram reunidos no mesmo órgão do Governo, o frequente emprego da forma de ato legislativo (decreto-lei) para subtrair à apreciação do Judiciário um ato concreto que se queria pautar por norma diferente da geral. E, mesmo depois de entrada em vigor a Constituição de 18 de setembro, já se levantou a questão, pois a política econômica do Estado moderno não dispensa as medidas legislativas de exceção, que vêm submeter a tratamento diverso casos compreendidos na mesma norma geral.

Algumas dessas hipóteses me foram submetidas em consulta por advogados do nosso foro, e da necessidade de estudá-las em seus fundamentos teóricos nasceram as generalizações que ora ofereço à atenção dos estudiosos.

A IGUALDADE E OS DIREITOS INDIVIDUAIS

2. É evidente que a questão pode ser colocada como um conflito entre o princípio de igualdade, sobre que se baseia o sistema de direitos individuais, e a faculdade que se reconhece ao Poder Legislativo de fazer não só leis aplicáveis igualmente a todos, como leis de exceção adequadas a espécies e situações particulares.

Trata-se de saber dentro de que limites é lícito ao Poder Legislativo ditar normas de exceção, sem ferir a esfera irredutível dos direitos individuais, que a todos assegura igual tratamento perante a lei.

Em princípio, a lei é igual para todos, isto **é,** o seu comando se dirige a todos os cidadãos, mas é óbvio que ela pode, sem perder o seu caráter de universalidade, estabelecer distinções, dirigir-se a grupos de pessoas, contemplar situações excepcionais em que um número indeterminado de indivíduos se pode colocar. E há casos em que a lei pode mesmo fixar normas *in concreto,* que regem apenas o caso individualizado, como sucede nas desapropriações por utilidade pública, nas concessões, nas subvenções a empresas, nas isenções de impostos. A intervenção do Estado nas relações econômicas – a economia *planificada* ou *dirigida* – acentua a necessidade de cingir a norma legislativa ao caso concreto, obriga a proceder para com os particulares com diferentes pesos e medidas. O Estado bloqueia os preços de um produto, e deixa livres os de outro. Permite a um fazendeiro que empreenda certa lavoura (a de cana-de-açúcar, por exemplo), e proíbe atividade idêntica a seu vizinho. De sorte que, ou afirmamos a natureza ilimitada dos poderes conferidos ao Legislativo, e para isso reduzimos o princípio constitucional da igualdade a simples preceito programático, com eficácia vinculativa para os órgãos administrativos e judiciários, ou temos de firmar doutrina sobre os limites constitucionais da função legislativa, excluindo dela as *leis que não podem ser feitas,* e que, se o forem, não podem lograr aplicação.

3. O problema da limitação da função legislativa se impôs ao exame doutrinário desde os primórdios do regime constitucional. Embora num país de Constituição não escrita, como a Grã-Bretanha, a supremacia do Parlamento pudesse parecer o supremo remédio contra a existência de leis arbitrárias e contrárias à opinião pública, em países de Constituição escrita, como a França e os Estados Unidos, sentiu-se muito cedo a necessidade de contrastar o arbítrio do Legislativo por meio de um mecanismo capaz de invalidar os seus atos infringentes da Constituição.

4. Em França, malgrado a omissão constitucional, a doutrina veicula uma permanente aspiração ao controle das leis por um órgão não legislativo (Conselho de Estado, Tribunal) e não falta quem veja um defeito essencial na falta de tal mecanismo, que se desejaria mutuar do sistema americano,[1] enquanto alguns querem mesmo, desde a

1 *"Des jurisconsultes et des publicistes, appartenant à des branches de l'opinion politique aussi variées que* Paul Beauregard *ou* Charles Benoist, *d'une part, et Gaston Jèze, de l'autre, en passant par* Hauriou, Jalabert, Saleilles et Thaller, *sont soudainement tombés d'accord sur la necessité d'introduire dans notre Pratique constitutionnelle le jugement de la constitutionnalité des lois par les cours de justice, tel qu'il fonctionne aux États-Unis. Rares sont les maîtres du droit constitutionnel français qui, comme les doyens* Larnaude *et* Duguit, *ou les derniers éditeurs* du *Manuel D'Esmein aient échappé à la contagion, et encore motivent-ils leur rejus* de *s'associer à la pétition commune sur* les *considérations d'ordre pratique beaucoup plus que sur une opposition* au *principe même de la reforme réclamée"* (*Le Gouvernement des Juges* – Edouard Lambert).

Constituição de 1875, que não haja obstáculo no direito positivo ao exame da constitucionalidade da lei pelo órgão judiciário.[2]

DOUTRINA NORTE-AMERICANA

5. Nos Estados Unidos, o controle da lei pelo judiciário foi o instrumento constitucional empregado para limitação do arbítrio legislativo. Mas a jurisprudência teve de construir fórmulas – *standards* jurídicos – para distinguir, entre os atos legislativos, aqueles que deveriam ser fulminados pela censura judicial.

Merece um exame atento a elaboração constitucional americana em torno do problema, com a qual procurarei, em seguida, confrontar o sistema brasileiro.

Para bem a compreendermos, cumpre-nos ter em mente que a Constituição dos Estados Unidos, até a 14ª Emenda Constitucional (1868), posterior à Guerra de Secessão e à libertação dos escravos, não consagrava entre os seus dispositivos o princípio da *igualdade civil.*

O centro de gravidade do sistema político era, e é, o jogo da repartição de competência entre o Governo Federal e os governos dos Estados, a cuja economia preside a Corte Suprema, mantendo incessantemente a ordem hierárquica das leis. Ao lado, porém, do contraste *União-Estados,* desenvolvem-se dois outros, também regidos pelo supremo órgão judiciário: o contraste *legislação-administração* e o contraste *lei-direitos.*

6. Não é fácil num sistema já impregnado de positivismo jurídico, como o nosso (menos, em todo caso, que os sistemas românicos europeus), compreender quanto os países de *common law* derivam este conceito de *direito* de uma fonte mais profunda, mais tradicional, menos mutável, do que a *lei.* O contraste *lei-direitos,* que para o positivismo não tem sentido, já que todo direito deriva da lei e flutua ao sabor de suas mutações, é, no espírito de um jurista da *common law,*

---

2 *"Tous* les *auteurs reconnaissent au juge le droit de constater l'existence de fait* de *la loi. C'est même pour lui une obligation de* s'assurer *que l'acte législatif qu'on lui demande d'appliquer a bien été pro-mulgué pour le chef de l'État"* (p. 57). *"Pour ce que concerne le fond de la loi, il nous paraît logique d'admettre pour les Tribunaux le droit et le* devoir de *s'assurer qu'une loi n'est pas en opposition avec les principes constitutionnels. L'opinion la Plus généralement admise et presque unanime est, qu'em l'état actuel de notre droit,* ce *pouvoir ne leur appartient pas"* (p. 62) (Albert Angleys, *Des garanties contre l'arbitraire du Pouvoir Législatif* (hèse), Chambéry, 1910).

uma realidade existencial, que legitima, sem absurdo e sem esforço, a opinião de que *certa lei* pode ser contrária ao *direito.*

Este contraste lei-direitos, sobre o qual tem trabalhado secularmente a Corte Suprema, - ora fazendo recuar a inovação legislativa diante da solidez do direito assente, ora modificando, por aluvião imperceptível, a conceituação do direito, - foi o ponto de irrupção da doutrina da *limitação do Poder Legislativo,* e também de afirmação da supremacia do Judiciário sobre o Legislativo (Roscoe Pound, Common law and legislation. In: *Harvard Law Review,* XXI).

Entre as fórmulas jurídicas criadas e desenvolvidas pela Jurisprudência Constitucional - *Vested rights, implied limitations* - acentuou-se, principalmente a partir do famoso caso do *Dartmouth College* (4. Whea 518), a influência da cláusula *due process* of *law.*

DUE PROCESS OF LAW

7. A doutrina do *due process of law* pode ser historicamente assim resumida: o Capítulo 39 da Magna Carta relativo ao *habeas corpus,* garantia a todo indivíduo o direito de ser julgado *per legem terrae* - expressão que passou a várias Constituições estaduais americanas *(law of the land;* cf. artigo 13 da Constituição de Massachusetts). Na Inglaterra, como nos Estados Unidos, a expressão serviu de base à construção de uma jurisprudência de proteção aos direitos do indivíduo, especialmente em matéria de garantias processuais, os tribunais repelindo os estatutos judiciários que lhes pareciam ferir os princípios inerentes ao *common law* (*vide* Mcgehe, *Due process of law;* Taylor, *Due process of law).* Posteriormente, alargou-se o âmbito da doutrina, e, em lugar de uma garantia em face do juízo, a cláusula passou a assegurar uma igualdade de tratamento por qualquer autoridade, sem jamais se chegar, porém, na Grã-Bretanha, a considerar submetido a ela o próprio Parlamento (*vide* Willoughby, *Constitutional Law,* p. 865).

Em 1791, foi emendada a Constituição dos Estados Unidos (5ª Emenda), e, entre as proibições incidentes sobre o Governo Federal, declarou-se que: "Ninguém será privado da vida, da liberdade ou da propriedade *without due process of law*".

A mesma interdição foi estendida aos Estados pela 14ª Emenda (1880), onde também, pela primeira vez, se introduziu o princípio da *equal protection of the law,* que, como veremos adiante, completa e precisa o *due process of law,* sem lograr, mesmo na esfera estadual, a que se limita, igual extensão e sentido.

8. A expressão *due process of law* é, *como* têm repetido os tribunais em inúmeros casos (*vide*, entre outros, *Citing Murray* v. *Hoboken Land Co.* 18. *How.* 272), rigorosamente equivalente à expressão *law of the land,* que lhe serve de antecedente histórico (Cooley, *Constitutional Limitations,* p. 502; Mcgehe, op. cit., p. 1 e 16). Ambas, no seu sentido originário, designavam garantias processuais; e sofreram, pelo processo de inclusão e exclusão, típico da Jurisprudência anglo-americana, uma ampliação de sentido, até se converterem numa limitação constitucional dos poderes do Estado.

Somente, enquanto na Inglaterra jamais se concebeu que o princípio pudesse ser invocado contra um ato do Parlamento, supremo depositário da soberania, nos Estados Unidos a fórmula cedo começou a ser considerada limitativa para o próprio Congresso, e a constituir um dos *standards* jurídicos com que a Corte Suprema censura a constitucionalidade das leis, de modo que o tribunal já podia dizer no *leading case Hurtado* v. *California:*

> "Applied in England only as guards against executive usurpation and tiranny, here they have become bulwaks also against arbitrary legislation" (110 U. S. 516).

Essa compreensão do *due process of law,* como restrição ao arbítrio do Legislativo, atinge a maturação doutrinária na mesma época em que o princípio se incorpora às restrições feitas ao poder dos Estados, na 14ª Emenda Constitucional (1868); nesse mesmo ano Cooley publica o seu *Tratado sobre as Limitações Constitucionais do Poder Legislativo,* e daí por diante a doutrina e a jurisprudência se conciliam numa afirmação que, fixando o sentido do instituto, não lhe impedirá entretanto, a constante transformação e adaptação às condições históricas.

9. O instrumento está criado. Como escreve Pound, o *due process of law* é um *standard,* pelo qual se guiam os tribunais, e, assim sendo, "deve aplicar-se tendo em vista circunstâncias especiais de tempo e de opinião pública em relação ao lugar em que o ato tem eficácia" (Roscoe Pound, The administrative application of legal standards, *apud* Catinella, *La Côrte Suprema Federale,* ed. Cedam, p. 60).

Daí não ser possível aprisioná-lo num conceito teorético, sob pena de se lhe comprometer a elasticidade. Uma definição aproximada há de ser extraída da sucessiva consideração de várias hipóteses, nele incluídas ou dele excluídas pelos pronunciamentos judiciários *(processo de inclusão e exclusão).*

No julgamento de *Dartmouth College v. Woodward,* Daniel Webster ofereceu a síntese, sem dúvida mais conhecida, do que se entende por *Law of the land*, ou *due process of law:*

> "The meaning is that every citizen shall hold his life, liberty, property, and immunities under the protection of the general rules which govern society. Everything which may pass under the form of enactment is not, therefore, to be considered the law of the land" (4. Wh. 518).

10. Dessas palavras, desde logo se inferem dois primeiros elementos, que nos permitem transpor para os nossos hábitos de raciocínio jurídico a noção do *due process of law:*

1º, a referência à proteção de *general rules* que a ninguém pode ser retirada;

2º, a tese de que nem todo ato legislativo pode ser considerado *law of the land.*

O primeiro desses pontos significa que é essencial à juridicidade de uma lei, que ela não subtraia qualquer indivíduo às normas gerais de governo da sociedade. Fere o preceito constitucional, por conseguinte, a lei que estatui para um caso concreto, particular, privando um único indivíduo ou um grupo de indivíduos do tratamento que se concede a todos.

> "Whether a statute is the law of the land, within the meaning of the 8th section of the 'Bill of Rights'", escreve Turley em Sheppard v. Johnson, "always depend upon two propositions; first, that legislature had the constitutional powers to pass it; second, that it is a general and public law, equally binding upon every member of the community" (2. Humph. I, Tenn., 285).

> "Due process of law", diz Cooley, no seu tratado: "In each particular case means such an exertion of the powers of govermnent as the settled maxims of law permit and sanctions, and under such safeguards for the protection of individual right as those maxims prescribe for the class of cases to which the one in question belongs" (op. cit., p. 434, citado, entre outros, em Chicago R. Co. v. States, 47 Neb. 549; Exp. Macdonald, 76 – Ala 603; McGavock v. Omaha, 40 Neb. 64; Stuart v. Palmer 74 New York 191).

O segundo significa que não basta a expedição de um ato legislativo formalmente perfeito para preencher o requisito do *due process of law.* Se assim fosse, a cláusula seria inoperante como limite ao arbítrio legislativo, pois o requisito constitucional estaria atendido com a simples existência formal da lei. Seria o mesmo que o legislador constituinte dizer ao legislativo ordinário:

> "You shall not do the wrong, unless you choose to do" (Cooley, op. cit., p. 503).

Em nossa taxionomia constitucional, podemos inferir, deste segundo ponto, que as chamadas leis meramente formais, isto **é,** que não contêm norma jurídica, podem estar sob a censura da cláusula *due process of law* sempre que a regra concreta, nelas contida, não concordar com a norma geral em vigor para os casos da mesma espécie. Normas concretas, ainda que formalmente sejam leis, são atos de arbítrio, que não se consideram *law* of *the land.*

> "Certainly the law of the land does not mean merely an act of legislature, for such a construction would abrogate all restrictions on legislative power" (Magrath, Due process of law. In: American and English Encycl. of Law, vol. X, p. 292).

11. Devemos entender, porém, que o *due process of law* apenas garante o indivíduo contra as leis *in concreto*, de tal sorte que seria *law of the land* todo ato legislativo contendo norma de caráter geral, isto é, aplicável a uma série de casos?

Aqui tocamos um ponto crucial do problema, pois, se é verdade que a lei pode encarar situações específicas, na qual não se acham, nem se podem achar, todos os cidadãos, e assim deve ditar regras especiais a grupos de pessoas, de bens ou de fatos (*class legislation*), de outro lado é também verdade que o Legislativo, desejando ferir, com uma provisão arbitrária, certa pessoa ou certo caso particular, sempre pode disfarçar o aspecto individual da medida, endereçando-a a uma classe arbitrária ou a um gênero que, na verdade, se reduz a determinado ou determinados indivíduos. A isso se acrescente que tão odiosa seria, v.g., a lei que mandasse atribuir a uma pessoa os débitos de outra (como se julgou no caso *Camp v. Rogers*, 44 Conn. 291), como a que determinasse o mesmo com relação a um grupo extenso de pessoas, aos estrangeiros, por exemplo. Em consequência, a jurisprudência não poderia considerar *law of the land* toda lei que dispusesse com caráter geral, para um grupo ou classe de indivíduos, a menos que ela preenchesse dois requisitos:

1º, que compreenda no seu âmbito todos os que se encontram ou se venham a encontrar em igual situação;

2º, que a diferenciação ou classificação feita na lei seja natural e razoável, e não arbitrária ou caprichosa (*vide* Magrath, loc. cit., p. 302).

A extensibilidade a todas as situações idênticas é um requisito que, no fundo, prova o caráter genérico da lei. Não é geral a norma cujo comando carece de fungibilidade perfeita; e não lhe poderá ser, portanto, reconhecido o caráter de *due process of law* (*Sutton v. State*, 96 Tenn. 710; *Woodard v. Brien*, 14 Lea, Tenn., 531; *State v. Burnetts*, 6 Heisk, Tenn., 186 etc.).

No segundo requisito, o da racionalidade da classificação, abre-se ao Poder Judiciário a porta por onde lhe vai ser dado examinar o próprio mérito da disposição legislativa; repelindo como *undue process of law* a lei caprichosa, arbitrária no diferenciar o tratamento jurídico dado a uma classe de indivíduos, o tribunal faz o cotejo da lei especial com as normas gerais do direito, e repele o direito de exceção que não lhe parece justificado.

Aperfeiçoa-se, assim, o controle do legislativo, que não pode editar normas jurídicas senão de caráter universal, ou *"which embraces all persons who are or may come into like situation and circumstances"* (Baxter. In: *Strathon* v. *Morres, 89 Tenn.* 497), e que também não pode abrir exceções genéricas arbitrárias, senão impostas pela natural disposição das coisas.

12. Neste ponto, a doutrina em exame se encontra com outra tradição, patente desde os mais antigos arestos, que faz coincidir o *due process of law* com *os* princípios do *common law.*

A *law of the land,* em matéria judiciária especialmente, parecia ser o conjunto de preceitos jurídicos tradicionais, que, transplantados para os Estados americanos, deviam prevalecer na organização política e no ordenamento jurídico, como acentuou a corte em *Weiner* v. *Burnburg:*

> "The truth is, the bills of rights in the American Constitutions have not been drafted for the introduction of new law, but to secure old principles against abrogatian or violation. They are conservatory instruments rather reformatory; and they assume that existing principles of common law are ample for the protection of individual rights, when once incorporated in the fundamental law and thus secured against violation" (30 Mich. 201).

Dir-se-ia que a fórmula constitucional fora criada como instrumento de supremacia do direito costumeiro, e como um meio de resguardar o ordenamento jurídico de inovações introduzidas por via legislativa capazes de desnaturá-lo. Examinando o *aspecto razoável* das diferenciações legislativas, o tribunal muitas vezes se encontrou em face da oposição entre a *common law* e o direito estatutário, *se* bem que esses *dois* problemas tenham conteúdo e esferas de ocorrência diferentes e cedo chegou a examinar também a oportunidade e o valor econômico dos atos legislativos *(expediency)*, como resulta da história recente do direito social nos Estados Unidos.

Desse modo a função política do Poder Judiciário americano (função conservadora e unificadora) encontrou o seu pleno instrumento, de que o *due process of law* foi parte construtiva fundamental.

Não era incluída na *law of the land* a lei que dispunha *in concreto*, nem a que procedesse à classificação arbitrária nem a que ferisse injustificadamente a *common law:*

> "C'est d'une part", escreve Lambert, "la préoccupation de contenir le statute law dans les cadres traditionnels du common law et de plier aux conceptions individualistes heritées du droit anglais" (Le gouvernement des juges, ed. M. Girad, p. 53)

Mas ao mesmo tempo:

> "La jurisprudence constitutionnelle a dú se préoccuper de permettre l'adaptation progressive du common law aux exigences certaines de l'organisation sociale actuelle et de laisser se poursuivre celles des experimentations législatives qui lui paraissaient à la fois légitimes et instituées avec assez de prudence et de réflexion" (ibid., p. 55).

13. Entre estas medidas novas, requeridas pelo desenvolvimento sempre crescente do Estado, achavam-se todas aquelas que visam "à melhoria das condições sociais e econômicas da comunidade em geral", cujo complexo dinâmico os autores soem designar pela expressão *public welfare.*

A crescente intervenção do Estado na vida econômica, para orientar, coordenar, estimular e reprimir iniciativas, constitucionalmente *se* exprime numa dilatação do *poder de polícia,* o qual estende sua esfera de ação até os negócios privados, na medida *em* que *eles* se refletem no campo do interesse público.

"One large field of legislative activity which is placed under the head of the police power", escreve Mcgehe, "is the regulation of business or property affected with a public interest" (op. cit., p. 314).

Toda legislação decorrente das funções de polícia no campo econômico e social tem uma limitação adequada na cláusula *due process of law*. O poder de polícia do Estado é reconhecido pela *common law*, mas as leis que, no exercício dele, se fazem, não raro entram em conflito com as normas deste ramo do direito objetivo. Serve de critério demarcatório o expediente incorporado às Emendas 5ª e 14ª a lei de polícia pode ser, ou não, considerada *due process of law*:

"*Il police power*", escreve Salvatore Catinella na citada monografia sobre a Corte Suprema, "*deve essere normalmente esercitato con discrezione in modo da rispettare le norme del common law, dal quale deriva*" (op. cit., p. 67).

E esclarece que, em decisão de 1850, a Corte Suprema de Nova York decidiu que uma lei sobre confisco de bebidas pertencentes a particulares "*era incostituzionale perchè, pur perseguendo uno scopo sociale, costituiva una violazione di una norma del due process*" (*idem*, p. 67)

14. No mesmo inciso da 14ª Emenda, afirma-se:

> "No State shall make ar enforce any law which shall abridge the privileges or immunities of citizens of the United States; nor shall any State deprive any person of life, liberty, or property without due process of law, nor deny to any person within its jurisdiction the equal protection of the laws."

A parte final relativa à *equal protection of the law* constitui, no Direito americano, a primeira afirmação do princípio de *igualdade subjetiva,* que só após a abolição da escravidão pôde ser declarado em texto constitucional.

A jurisprudência desenvolveu o princípio, como vinha fazendo ao *due process,* e pouco a pouco deixou de considerá-lo mera extensão de direitos civis aos negros americanos *(Slaughter House Case,* 16, *Will* 36) para invocá-lo todas as vezes que se estabelecia diferença de tratamento jurídico fundada na qualidade das pessoas *(Vick Wo v. Hopkins,* 118 U. S. 356; *Hayes v. Missouri,* 120 U. S. 68). A amplitude da Cláusula nunca chegou a ser, entretanto, a do *due process of law;* enquanto esta limitação é imposta à Federação (5ª Emenda) e aos Estados (14ª Emenda), aquela incide apenas sobre os últimos, e a jurisprudência tem acentuado a redução de sua incidência, seja à tutela de direitos civis, seja ao controle de atos funcionais.

Em todo o caso, é certo que as duas cláusulas convizinham, e não raro se confundem. Uma lei que cria arbitrariamente para determinada pessoa ou grupo de pessoas tratamento mais rigoroso que o adotado para a comunidade, não será *due process of law* e também infringirá a cláusula de igualdade. Mas, como salientou Field no *Railroad Raxes Case, "no state even with due process of law, shall deny to any one within its jurisdiction the equal protection of law" (apud* Taylor, *Due process of law,* p. 48).

É o que pode suceder, por exemplo, se uma lei deixa a cargo de um agente executivo privar ou cumular alguém de vantagens que não são, com o mesmo critério, retiradas ou conferidas a todos.

15. Desse esboço da doutrina americana, podemos colher, para o confronto com o Direito brasileiro, a seguinte síntese: ao contrário do que sucede com o Direito inglês – onde o Parlamento, como órgão da soberania, não está sujeito a qualquer modalidade de controle dos seus atos, – o Direito americano, desde cedo, estendeu aos próprios atos legislativos o requisito de conformidade ao direito, que se deduzia da expressão *law of the land,* usada na Magna Carta. Tal expressão passou às Constituições de muitos Estados, e uma outra equivalente – *due process of law* – entrou no Direito Constitucional federal com as Emendas 5ª e 14ª.

Nem todo ato legislativo, formalmente perfeito, é *due process of law.* Para que o seja, é necessário que esse ato, no seu conteúdo normativo, se revista do caráter de generalidade próprio da norma jurídica, o que exclui a validade de uma lei *ad personam,* a menos que seja conforme as normas gerais em vigor. Se a lei introduz direito novo, inconciliável com os princípios do *common law,* pode o tribunal, atentas as circunstâncias históricas e a própria evolução do direito costumeiro, considerá-la, ou não, *due process of law.* Se a lei cria normas aplicáveis a grupos de indivíduos, de coisas ou de fatos, diversas das que se aplicam à comunidade *(class legislation),* o tribunal pode censurá-la sempre que ela não preencher os requisitos da extensibilidade a casos iguais, e do fundamento natural ou razoável da diferenciação feita.

Esse *standard* constitucional serve de medida para a crescente legislação econômica e social que o Estado, no desempenho do seu *poder de polícia,* tem necessidade de promulgar. Esse mesmo *standard* se completa e retifica com outros, entre os quais o da *equal protection of law* e o que *com* ele guarda mais estreita afinidade, precisando, na esfera estadual de sua aplicação (14ª Emenda), a inconstitucionalidade das leis que diferenciam o tratamento jurídico de casos individuais.

LEI E DIREITO

16. Tal é o conceito e o fundamento do *duo process of law.* Nele se pode ver uma fórmula constitucional, ou uma das fórmulas constitucionais, que possibilitam o desempenho da função reguladora do Poder Judiciário na economia do Estado. Mas, alçando a vista a um aspecto talvez superior do problema, nela temos um processo técnico de sujeição material da lei aos princípios superiores do *direito.*

Não é apenas a doutrina do Direito Natural que vê no Direito uma ordem normativa superior e independente da lei. Mesmo os que concebem a realidade jurídica como algo mutável, e os princípios gerais do Direito como uma síntese das normas dentro de certos limites históricos, reconhecem que pode haver leis inconciliáveis com esses princípios, cuja presença no sistema positivo fere a coerência deste e produz a sensação íntima do arbitrário, traduzida na ideia de *lei injusta.*

É certo que o sistema positivo evolui pela obra gradual das inovações legislativas; o que parecia princípio imutável se vê atacado por uma, depois por várias exceções, e não tarda que se torne mero vestígio, de que a sistematização seguinte poderá prescindir. A essa transformação interna do direito, presidem, entretanto regras de coerência, de oportunidade e de evolução. Pode ser difícil, impossível mesmo, enunciá-las com precisão teórica; mas o jurista distingue, em espécie, a lei nova, que modifica o sistema em que se absorve da lei que destrói o sistema, onde não pode conviver.

Foi o mais grave dos frutos do positivismo jurídico, para o qual a realidade jurídica se confunde estritamente com o complexo de normas em vigor, haver predisposto a ciência do Direito a negar que uma lei possa ser contrária ao Direito. Para os positivistas a lei é um *prius,* e, assim sendo, o seu comando só não será jurídico se incompatível com outra lei hierarquicamente superior (inconstitucionalidade).

A legislação muitas vezes arbitrária dos regimes ditatoriais, a confusão entre o ato legislativo e o ato administrativo, operada à sombra das delegações de poderes, tudo foi aceito como sendo o Direito, graças à preparação intelectual que o positivismo jurídico consumara.

Não obstante, a reação contra essas consequências extremas vem de longe. A ordem jurídica corre o risco de ser um complexo arbitrário de sanções se nenhum meio técnico existe, através do qual se repilam as criações legislativas contrárias aos princípios fundamentais ou ao método de elaboração substancial do sistema positivo.

Como escreve um publicista:

> "Le droit public moderne pose comme principe que les gouvernants ne sont pas souverains et que. le Parlement, en particulier, est limité, dans son action législative, par des règles juridiques supérieures qu'il ne saurait légitimement enfeindre; la loi est soumise au droit; il peut y avoir des lois contraires au droit" (Paul Duez, Le contrôle juridictionnel et la constitutionnalité des lois en France. In: Mélanges Maurice Hauriou, ed. Sirey, p. 214).

Esse objetivo a que tende, na expressão do decano de Lille, o direito público moderno é plenamente atingido no sistema americano pelo controle judiciário da constitucionalidade das leis, e pelo seu exame à luz do conceito do *due process* of *law.* A lei que não pode ser considerada *law of the land* é a lei contrária ao direito. Não a um direito fixado em regras e comandos precisos, que se tornariam, nesse caso, imutáveis; mas ao direito como síntese, como corpo de princípios, como método de criação normativa, e ainda, como tradição.

IGUALDADE E INCONSTITUCIONALIDADE

17. Existe, no Direito Constitucional brasileiro, o mecanismo do controle pelo Judiciário da inconstitucionalidade das leis. Deixando de lado a tradição europeia, tanto inglesa como francesa que vê nas assembleias legislativas o melhor instrumento para ajustar a lei aos imperativos da razão, da necessidade social e da opinião pública, recorremos, desde o primeiro estatuto republicano, à fórmula do controle judiciário, em que se tem visto a principal contribuição americana para o direito público moderno, *"the most unique contribution to the Science of government which has been made by Amemican politicall genius"* (Ch. Beard, *An economic interpretation of the Constitution of the U. S.*, ed. MacMillan, p. 162).

É, porém, lícito ao tribunal brasileiro levar o exame das leis elaboradas pelo Parlamento até os limites a que chegam as Cortes americanas? Ou, em outras palavras, no sistema constitucional brasileiro, algo que possa facultar à jurisprudência a criação de um mecanismo semelhante ao *due process of law?* É o que me proponho a examinar.

Assim como não é possível compreender a construção americana sem partir do fato de haver sido tardiamente inscrito em texto constitucional o princípio da *igualdade,* assim é indispensável, no Direito brasileiro, considerar que esse princípio, mutuado das Constituições europeias, é a base da declaração de direito enunciada no art. 141 da Constituição.

Temos, de um lado, oriundo do Direito Constitucional europeu, o princípio de igualdade, que o art. 141, § 1º, enuncia: "Todos são iguais perante a lei"; temos de outro lado, oriunda do Direito Constitucional americano, a norma do controle judiciário das leis, que aperfeiçoamos tecnicamente com a suspensão da execução das leis havidas por inconstitucionais (art. 64 da Constituição).

Da concorrência desses dispositivos resulta, a meu ver, a técnica constitucional de limitação da função legislativa entre nós.

18. Desde logo se afasta, no Direito brasileiro, a questão do valor meramente *programático* ou também *vinculativo* do princípio da igualdade perante a lei, que absorve a atenção dos juristas europeus, na exegese de Constituições onde a função legislativa é praticamente ilimitada.

A questão de saber se a máxima constitucional vigora também para o legislador, ou se tem para este um valor de mero conselho, enquanto sujeita os atos executivos e judiciários, é, no fundo, antes uma questão prática que teórica, pois o que leva um autor, como Esmein, a afirmar que a lei infringente dos direitos individuais, uma vez votada, é lei, e ninguém lhe poderá recusar aplicação, não é tanto a opinião de que as declarações de direitos sejam meros programas para o legislador, quanto a verificação de que não existe, na técnica constitucional, um meio de censurá-la (*vide Droit Constitutionnel Français et Comparé,* 2ª ed. p. 367-368). Em princípio todos pensam, como DUGUIT, que:

> "Le principe d'égalité est une régle de notre droit public positif s'imposant au législateur et toute loi que la violerait serait une loi inconstitutionnelle" (Traité de Droit Constitutionnel, 3ª ed., p. 638).

Nos regimes onde o Poder Judiciário pode recusar aplicação à lei inconstitucional, a questão não oferece dúvida ao intérprete da Constituição.

19. É verdade que o princípio da igualdade não correspondeu sempre, no direito público, à concepção que dele temos hoje, e que o impõe ao respeito do legislador. Como observa H. Nawiasky no correlatório que apresentou sobre o, tema "a igualdade perante a lei, conforme o art. 109 da Constituição do Reich", a história desse princípio constitucional apresenta três momentos sucessivos:

> "Am Ende des 18 und Beginn des 19. Jahrhunderts bedeutete der Staz die Abschaffung der Standesvorrechte, also etwa Rechisgleichheit in subjektiver, persönlicher Beziehung, Mitte des 19. Jahrhunderts daneben oder an desse Stelle Gleich heit der Rechtsanwendung, Anfang des 20. Jahrhunderts meldet sich die Anffassung als Rechtsgleichheit in objektiver sachlincher Beziehung zum Wort" (Die Gleichheit vor dem Gesetz in Sine des Art. 109 der Reichsvertassung, ed. V. Gruito, p. 26).

A primeira época – fins do século XVIII, começos do XIX – concebeu o princípio como abolição de privilégios sociais, o que vem a ser a *igualdade jurídica em sentido subjetivo,* pessoal; nos meados do século XIX essa concepção perdura, mas com ela concorre a da *igualdade* na aplicação do direito; em começos do século XX – terceira época – apresenta-se a concepção da *igualdade* em sentido objetivo material. À tese predominantemente política do primeiro momento correspondeu, no campo legislativo, uma provisão genérica, de caráter negativo, que se traduz nitidamente na 2ª parte do art. 7º, § 2º, da nossa Constituição de 1891:

> "A República não admite privilégios de nascimento, desconhece foros de nobreza; extingue as ordens honoríficas existentes, e todas as suas prerrogativas e regalias, bem como os títulos nobiliárquicos e de conselho".

A segunda fase, em que essa concepção se prolonga, já apresenta o tema de natureza técnico-jurídica de *Gleichheit der Rechtsanwendung,* igualdade na aplicação do direito. É o comando dirigido aos que aplicam a lei, aos órgãos do Executivo e do Judiciário, não ao órgão parlamentar que a elabora. Por assim dizer, aqui se completa a proteção da *igualdade subjetiva,* vedando-se à Administração e à Justiça *todo* ato que diferencie os que a norma constitucional tornou iguais.

Toda a ênfase posta nas proclamações da igualdade estaria, porém, condenada a se tornar puro verbalismo, se não se franqueasse a terceira etapa do problema – forçando o legislador a fazer leis iguais para todos.

A tirania do Legislativo poderia ser mais rara, mas não menos funesta que a dos antigos soberanos. E o *centro de conversão* do sistema jurídico continuaria a ser uma vontade livre, embora formada através de deliberações coletivas.

20. Como conceituar, porém, a igualdade objetiva, a que fica sujeito o próprio legislador?

Quanto mais progridem e se organizam as coletividades, maior é o grau de diferenciação a que atinge seu sistema legislativo. A lei raramente colhe no mesmo comando todos os indivíduos; quase sempre atende a diferenças de sexo, de profissão, de atividade, de situação econômica, de posição jurídica, de direito anterior; raramente regula do mesmo modo a situação de todos os bens, quase sempre os distingue conforme a natureza, a utilidade, a raridade, a intensidade da valia que oferecem a todos; raramente qualifica de um modo único as múltiplas ocorrências de um mesmo fato, quase sempre as distingue conforme as circunstâncias em que se produzem, ou conforme a repercussão que têm no interesse geral.

Todas essas distinções, inspiradas no agrupamento natural e racional dos indivíduos e dos fatos, são essenciais ao processo legislativo, e não ferem o princípio da igualdade. Servem, porém, para indicar a necessidade de uma construção teórica, que permite distinguir as leis arbitrárias das leis conformes ao direito, e eleva até essa alta triagem a tarefa do órgão máximo do Poder Judiciário.

Ora, aprofundando o exame do sistema constitucional vigente, podemos ver que o seu centro gerador, o eixo em torno do qual se cristalizam as normas e instituições de direito público, é, precisamente, o conceito de igualdade.

ESTADO DE DIREITO

21. O regime republicano, em sua origem ideológica, é o regime igualitário por excelência, mas o conceito técnico-jurídico de igualdade só se elevou à posição mestra no sistema, com a concepção moderna do Estado de Direito, fruto extremo da especulação jurídico-política em torno do governo representativo.

Qual a característica do Estado de Direito?

Não é difícil precisá-la. Todas as concepções do Estado, quer as formuladas no campo teórico, quer as vividas no curso da História, fazem derivar o funcionamento das instituições de uma fonte primária, cuja legitimidade, ou autenticidade, escapa à crítica do Direito. Em alguns tipos de Estados, é a investidura de um príncipe soberano; em outros, é a origem popular de uma Assembleia; em outros, é a do chefe; em outros, as intuições do sangue nacional, mas em qualquer caso existe um primeiro motor do mecanismo político, cuja operação se legitima por si mesma, e não está sob o controle de uma norma ou de um poder anterior.

A essa base existencial do Estado, opõe-se a concepção do Estado de Direito, Aqui, o edifício do Estado é concebido como um sistema fechado, em que todas as peças movem e são movidas conforme normas jurídicas, e nenhum órgão de poder ou fonte de autoridade escapa ao limite, ou foge ao compasso de uma regra.

É óbvio que um tal sistema pressupõe, ao contrário da dúvida metódica, o que poderíamos chamar de *certeza metódica* no seu próprio absoluto valor. Assim é que o Estado de Direito nega tudo aquilo que o pode conceitualmente destruir, nega, por exemplo, que se possa reformar a Constituição nos pontos básicos (art. 217, § 6º), ou que se possam organizar politicamente as correntes de opinião contrárias às suas próprias condições de funcionamento político.

O Judiciário está sujeito à lei, que aplica, e que não pode suprir com criações suas; o Executivo está, também, sob a censura das leis, que dispõem abstratamente sobre as matérias em que lhe cabe concretizar; e suas transgressões são sujeitas ao controle dos tribunais; o próprio Legislativo, por sua vez, legisla sob censura de normas, não só relativas ao processo de legislar, como à própria substância das normas editadas; e o Judiciário exerce afinal o seu controle sobre o órgão criador da lei, a que está submetido. O moto-contínuo jurídico, eis o alvo a que tende o Estado de Direito.

Onde, porém, reside, nesse complexo aparelho, a força jurídica que domina os órgãos legislativos, e os impede de fazer leis arbitrárias, contrárias ao Direito?

Um Estado onde o Poder Legislativo escapasse ao controle de outro Poder, como a Grã-Bretanha, poderia ser um Estado democrático, mas não um Estado de Direito. Entretanto, o controle judiciário, sem uma norma material que lhe permita rechaçar as leis arbitrárias, seria um instrumento trabalhando no vazio, e desempenhando o papel de um personagem mudo, que ocupa lugar em cena por mero capricho de composição.

Trata-se de saber se, assim como a Corte Suprema Federal encontrou no *due process of law* a cláusula constitucional que lhe permitiu repelir como inconstitucionais as leis arbitrárias, pode o Supremo Tribunal Federal encontrar igual adminículo em algum princípio ou passagem constitucional.

22. A esse fim serve, de modo mais perfeito que o *due process of law* americano, o princípio da igualdade perante a lei.

Dois são os aspectos sob que o princípio deve ser considerado. Em primeiro lugar, ele proíbe ao Legislativo a prática de atos que disponha para uma pessoa, bem ou mal determinada. É esse um axioma do Estado de Direito que não concebe a vida social senão regida por normas algébricas, isto é, suscetíveis de se aplicarem a valores concretos, e com todos igualmente compatíveis, sem o que se feriria o princípio superior de justiça distributiva, que a todos concede igual favor e impõe igual sacrifício. É verdade que os Parlamentos votam leis formais, concedendo a indivíduos, nominalmente determinados, pensões ou benefícios, declarando de utilidade pública a desapropriação de certo imóvel, isentando de impostos uma fábrica, concedendo um serviço público. Todos esses atos, que formalmente são leis, não contêm norma geral, mas preceito concreto, individualizado, e, tecnicamente falando, têm a forma de uma lei e o conteúdo de um ato administrativo.

Tais leis não são inconstitucionais, nem ferem o princípio de igualdade, apenas porque são atos conformes a outra lei, de caráter geral, que os autoriza. Se o Parlamento, no declarar a utilidade pública de uma desapropriação, se afastar, naquele caso concreto, da norma geral fixada para as desapropriações, embora formalmente ambos os seus atos sejam leis, o que fez a declaração discrepante incorre em inconstitucionalidade.

Quer isto dizer que ao Parlamento é lícito reservar para a sua esfera de competência certos atos administrativos, como a declaração de utilidade pública e todos os outros que dizem com a sua competência constitucional relacionada com a gestação financeira. Esses atos administrativos são formalmente leis, mas sendo atos *in concreto,* dependem, para sua validade, de serem conformes a leis gerais preexistentes. Se assim não fosse, estaria atingido o princípio de igualdade, e do mesmo passo se comoveriam os fundamentos do Estado de Direito.

É o que exprime, com a sua clareza, Carl Schmitt, na *Teoria, da Constituição:* "O Estado burguês de Direito se baseia no império da lei" (Teoria de la Constitución, ed. *Rev. Der. Privado,* p. 161).

E explica:

> "Imperio de la ley significa, ante todo y en primer término, que el Legislador mismo queda vinculado a su propia Ley y que su facultad de legislar no es el medio para uma dominación arbitraria. La vinculación del Legislador a la Ley es posible, sin embargo, solo en tanto que la Ley es una norma con ciertas propiedades: rectitud, razonabilidad, justicia, etc. Todas estas propiedades presuponem que la Ley es una norma general. Un legislador cuyas medidas concretas, órdenes especiales, dispensas y quebrantamientos, valgan también como leyes, ai igual que sus normaciones generales, no está ligado a su Ley e ninguna forma concebible; la 'vinculación a la Ley' es une expresión sin sentido para aquellos que pueden hacer 'leyes arbitrarias'".

E referindo-se aos atos concretos que pratica o Poder Legislativo, *sob forma de lei,* e que nem por isso escapam ao império das normas gerais:

> "No es más que un simple ardil de técnica verbal, y no otra cosa, el fijar en Ley constitucional que tales actos políticos se realizan 'en forma de Ley', o quando se establece consuetudinariamente que para tales actos haya de elegirse el procedimiento de la legislación. El sentido y significación del concepto 'formal' se agotan con decidir que la Representación popular (el Parlamento) tiene la misma cooperación y competencia para tales actos – si bien no son actos de Legislación, y a pesar de ello que són los actos legislativos. Asi como pueden resolverse todas las cosas posibles en 'forma judicial', también cabe hacerlo en 'forma de Ley'".

Não parece, pois, lícito duvidar que as leis fixadoras de um tratamento concreto para um caso individual, só são constitucionais quando se limitam a aplicar à espécie uma *norma geral* preexistente. Em outras palavras: o ato legislativo em causa, não sendo mais que um ato de administração *com forma de lei,* deve ser apreciado como se apreciaria um ato do Poder Executivo, e se contiver mais do que a lei geral autoriza, fere o princípio de igualdade, e se torna inconstitucional.

GENERALIDADE DA LEI

23. Generalidade da lei, eis, pois, a primeira limitação constitucional à função legislativa, no Estado de Direito. Atos legislativos de caráter particular existem, mas, não sendo leis, têm de estar conformes a elas para que sua validade não se venha a contestar. É claro, porém, que a *generalidade* se harmoniza com a extrema *especialidade,* e que o legislador, obedecendo à necessidade crescente de reger a vida social de acordo com a sua variedade, raramente tem ocasião de ditar preceitos que se enderecem a todos os cidadãos. A lei é hoje, mais do que ontem, medida de contrastes e de exceção, que se dirige a grupos de pessoas, de bens ou de relações jurídicas *(class legislation),* dando-lhes um tratamento diferenciador.

Não é difícil reconhecer num ato legislativo, por mais particularizada que seja a situação nele considerada, o requisito da *generalidade.* A lei é geral sempre que o seu preceito se aplica a qualquer indivíduo que se venha a encontrar na situação típica nela considerada.

Pouco importa que essa situação ocorra de raro em raro, a ponto de focalizar a lei sobre uma espécie praticamente única. A norma que viesse dispensar de concurso para provimento em cátedra universitária o cientista favorecido com o Prêmio Nobel, talvez só colhesse no país, por muitos anos, um indivíduo, e nem por isso deixaria de atender aos extremos da *generalidade.*

Deve-se, então, fixar nesse requisito o limite constitucional ao arbítrio do Legislativo?

Penso que não. Seria uma fronteira aberta, a que apenas interditasse aos órgãos legiferantes o legislarem sobre o caso concreto, pois sempre lhes seria possível aplicar o arbítrio na escolha do caso genérico e, assim abrirem exceções tirânicas ao estatuto comum.

O mesmo exemplo dado acima pode ser ilustrativo. A lei que isentasse de concurso o premiado com a mais alta distinção científica seria aceita pela consciência geral como lei justa; se, porém, ela dispensasse esses mesmos premiados de pagarem o imposto de renda, ou, ainda mais se lhes retirasse o direito de voto, sente-se que a provisão seria arbitrária e indaga-se se o Poder Judiciário pode recusar-lhe aplicação por motivo constitucional.

Entendo que o mesmo princípio da *igualdade perante a lei* autoriza o Poder Judiciário a censurar as leis em que se fazem distinções arbitrárias com o fim de modificar, em relação a algumas pessoas ou coisas, o tratamento jurídico comum.

IGUALDADE CIVIL

24. Essa conclusão decorre do próprio conceito de *igualdade,* tal como o concebe o Direito Público, isto é, como *igualdade proporcional,* e não como *igualdade matemática paritária.*

Os homens são desiguais na sociedade e na natureza, tanto quanto as coisas, os lugares, os fatos e as circunstâncias. O princípio da *igualdade jurídica* não traduz, no campo do direito – como uma opinião atrasada ou tendenciosa quer fazer crer – o desconhecimento dessa desigualdade natural. É antes um esforço para balanceá-la, compensando o jogo das inferioridades e superioridades de modo que elas não favoreçam também uma desigual proteção jurídica, pois é certo que os ônus e as recompensas, o bom e o mau êxito, acompanharão com maior ou menor regularidade as variações naturais, mas não é desejável que fique sob a mesma influência a distribuição da Justiça.

Por isso a *igualdade civil,* como a concebem, talvez unanimemente os escritores, não é a uniformidade de tratamento jurídico, mas o tratamento proporcionado e compensado de seres vários e desiguais. A lei que dá normas de duração e de higiene ao trabalho dos homens, diferentes das que regem o trabalho das mulheres ou dos menores, é um frisante exemplo da lei igualitária, neste sentido de *igualdade proporcional.*

> "Celle-ci" escreve um monografista, "est bien la véritable égalité, seule conforme au principe de l'interdépendance sociale; traite également les hommes sur les points où ils sont inégaux; en un mot, les traiter proportionnellement à leurs facultés, telle est la formule qu'impose la doctrine de l'interdépendance sociale" (René Burnet, Le principe d' égalité, ed. Alcan, p. 170).

Se analisarmos os casos em que as leis diferenciadoras ou classificadoras ferem o nosso sentimento jurídico, e merecem o nome de arbitrárias, e os casos em que nos parecem corresponder a um agrupamento, razoável de casos ou pessoas, logo percebemos que o nosso juízo se forma exclusivamente sobre a base de um exame subjetivo do valor igualitário da lei.

Sempre que a diferenciação feita corresponde, no nosso sentir, a um *reajustamento proporcional de situações desiguais,* a lei satisfaz os requisitos da lei justa. Sempre que a diferenciação não corresponde a um reajustamento desses, patenteia-se o caráter de lei arbitrária, contrária ao Direito, e um tribunal americano se recusaria a ver nela *the law of the land.*

Passo agora a extrair conclusões da exposição a que procedi.

CONCLUSÕES

25. Entendo que o Estado de Direito, a cujo conceito se acolhe a República organizada em 1946, tem como sua característica fundamental o chamado *império da lei,* ou seja, a subordinação de todos os Poderes do Estado à norma de direito, que os limita, abrange e mensura.

O Poder Legislativo, em tal regime, não escapa à limitação constitucional, e os atos que pratica, embora tenham sempre *forma de lei,* nem sempre são leis, por lhes faltarem requisitos substanciais, deduzidos da própria Constituição.

Esses requisitos se deduzem de um princípio, que é o centro focal do regime jurídico-político: o princípio da igualdade. Graças a ele, podemos atingir, no Direito Constitucional brasileiro, os mesmos recursos jurisprudenciais que, nos Estados Unidos, a Corte Suprema construiu, partindo do *due process of law.*

Lá, não se considera *due process of law* o ato legislativo que *dispõe in concreto,* contra uma disposição geral de lei; nem tampouco o ato legislativo que procede a classificações arbitrárias, contrárias ao Direito do país.

Aqui, o ato legislativo *in concreto,* ou se refere a uma norma geral preexistente (e nesse caso é válido constituindo um ato de governo reservado à competência do Parlamento), ou exorbita de normas gerais preexistentes, e nesse caso fere o princípio da igualdade de todos perante a lei. O ato legislativo há de ser, portanto, geral, o que não significa aplicável a todos os cidadãos, mas aplicável a qualquer cidadão que se venha a encontrar na situação típica ali considerada.

Mesmo a lei especial, entretanto, isto é, a que contém normas jurídicas aplicáveis a grupos de casos diferenciados, pode ser tachada pelo Poder Judiciário de inconstitucional. Basta que a diferenciação nela feita fira o princípio da *igualdade proporcional,* isto é, que não se justifique como um *reajuste de situações desiguais.* Desse modo a lei arbitrária, que a Corte Suprema não considera *due process of law,* também não é aplicável pelo Supremo Tribunal, por infringir o princípio da igualdade perante a lei.

16

JURISPRUDÊNCIA DESTACADA SOBRE DEVIDO PROCESSO LEGAL

A) TRIBUTÁRIO. PROPORCIONALIDADE.

Em 1951, neste Recurso Extraordinário nº 18.331, o Supremo Tribunal apresentou o princípio da proporcionalidade em matéria tributária. Prefeitura municipal estabeleceu taxa para instalação de cabines públicas em praia. A cobrança excessiva, na visão entre a licença e seu objeto seria desproporcional.

RECURSO EXTRAORDINÁRIO Nº 18.331 – SÃO PAULO

EMENTA: Majoração excessiva de imposto. Nullus censos sine lege. O exercício do poder de taxar e seus limites. Conhecimento de recurso extraordinário pela letra *c* do art. 101, nº III, da Constitui**ção** Federal e seu desprovimento.

ACÓRDÃO

Vistos, relatados e discutidos estes autos de recurso extraordinário nº 18.331, de São Paulo, recorrentes Marques & Viegas, recorrida a Prefeitura Municipal de Santos.

Acorda o Supremo Tribunal Federal, Segunda Turma, integrando neste o relatório retro e na conformidade das notas taquigráficas precedentes, conhecer do recurso e negar-lhe provimento. Custas na forma da lei.

Rio, 21 de setembro de1951 (data do julgamento).

(a) Orosimbo Nonato – presidente e relator

B) EXERCÍCIO PROFISSIONAL. LIMITAÇÃO EM RAZÃO DE SUSPENSÃO DE DIREITOS. A NÃO RAZOABILIDADE DECORRE DO IMPEDIMENTO DE CARGO OU EMPREGO, COM SUPRESSÃO DE MEIOS DE SOBREVIVÊNCIA.

A lei impedia, totalmente, o exercício de cargo ou emprego por atingido por atos de exceção, com a supressão de direitos políticos.

PETIÇÃO DE *HABEAS CORPUS* Nº 45.232 – GUANABARA (MATÉRIA CONSTITUCIONAL)

PACIENTES: PROF. JOSÉ RODRIGUES VIEIRA NETO E OUTROS

EMENTA: Inconstitucionalidade do art. 48, do DL. 314, de 1967 (Lei de Segurança).

O *Habeas Corpus* é meio idôneo para anular despacho do Juiz que aplica no curso do processo, medida administrativa que corresponde à suspensão do exercício de direitos da profissão e do emprego em empresa privada. A medida preventiva corresponde a uma pena acessória. A sua aplicação depende de condenação em preceito que inclua também a aplicação de pena acessória. A inconstitucionalidade é decretada por ferir os arts. 150, *caput*, e 150, § 35, da Constituição porque as medidas preventivas que importam na suspensão dos direitos, ao exercício das profissões e o emprego em empresas privadas, tira ao indivíduo as condições para prover a vida e subsistência. O § 35 do art. 150 da Constituição de 1967, compreende todos os direitos não enumerados, mas que estão vinculados às liberdades, no regime de direito e às instituições políticas criadas pela Constituição. A inconstitucionalidade não atinge às restrições ao exercício da função pública porque a legislação vigente sobre funcionários públicos, aplicável à espécie, assegura uma parte dos vencimentos dos funcionários atingidos pelo art. 48 do referido Decreto-Lei. A inconstitucionalidade se estende aos parágrafos do art. 48, porque estes se referem à execução das normas previstas no artigo e consideradas inconstitucionais.

ACÓRDÃO

Vistos, relatados e discutidos os autos acima identificados, acordam os Ministros do Supremo Tribunal Federal, em Sessão

Plenária, na conformidade da ata de julgamento e das notas taquigráficas, por maioria de votos, rejeitar a preliminar de incompetência do Tribunal e a preliminar de inidoneidade de *habeas corpus,* conceder as partes, o *habeas corpus*, nos termos do voto do Ministro Relator.

Brasília, 21 de fevereiro de 1968
Luiz Galloti - Presidente
Themósteles Cavalcantti - Relator

C) EXERCÍCIO PROFISSIONAL. REQUISITOS EXAGERADOS. RESTRIÇÕES.

Falta de proporcionalidade entre o exigido e a finalidade profissional.

TRIBUNAL PLENO
REPRESENTAÇÃO Nº 930 - DISTRITO FEDERAL

REPRESENTANTE: Procurador-Geral da República
ASSISTENTE: Sindicato dos Advogados do Estado do Rio de Janeiro
REPRESENTADO: Presidente do Senado Federal
ASSISTENTES: Conselho Federal dos Corretores de Imóveis e Lúcio Fernandes da Cruz

EMENTA: Lei nº 4.116, de 27.08.1962. - Inconstitucionalidade. Exercício livre de qualquer trabalho, ofício ou profissão (CF, art. 153, § 23).

É inconstitucional a lei que atenta contra a liberdade consagrada na Constituição Federal, regulamentando e consequentemente restringindo exercício de profissão que não pressupõe "condições de capacidade."

Representação procedente *in totum*.

ACÓRDÃO

Vistos, relatados e discutidos estes autos, acordam os Ministros do Supremo Tribunal Federal, em Sessão Plena, na conformidade da ata de julgamentos e notas taquigráficas, por maioria de votos, julgar procedente *in totum* a Representação, para declarar a inconstitucionalidade da Lei 4.116, de 27 de agosto de 1962.

Brasília, 5 de maio de 1976.

Djaci Falcão – Presidente
Rodrigues Alckmin – Relator para o acórdão

D) TRIBUTÁRIO. CRIAÇÃO DE TAXA.

Ofensa ao princípio da proporcionalidade. Falta de moderação. Legislação abusiva.

02.04.2003 TRIBUNAL PLENO
QUEST. ORD. EM MED. CAUT. EM AÇÃO DIRETA DE INCONSTITUCIONALIDADE
2.551-1 MINAS GERAIS
RELATOR: MIN. CELSO DE MELO
REQUERENTES: CONFEDERAÇÃO NACIONAL DO COMÉRCIO E OUTRA
ADVOGADOS: MARCOS JORGE CALDAS PEREIRA E OUTROS
REQUERIDO: GOVERNADOR DO ESTADO DE MINAS GERAIS
Advogado(A/S): PGE-MG ARTHUR PEREIRA DE MATTOS PAIXÃO FILHO
REQUERIDA: ASSEMBLEIA LEGISLATIVA DO ESTADO DE MINAS GERAIS

EMENTA: AÇÃO DIRETA DE INCONSTITUCIONALIDADE – TAXA DE EXPEDIENTE DO ESTADO DE MINAS GERAIS – DPVAT – INCIDÊNCIA DA REFERIDA TAXA DE EXPEDIENTE SOBRE AS SOCIEDADES SEGURADORAS – ALEGAÇÃO DE ILEGITIMIDADE ATIVA DAS ENTIDADES SINDICAIS QUE FIZERAM INSTAURAR O PROCESSO DE FISCALIZAÇÃO NORMATIVA ABSTRATA – INOCORRÊNCIA – PERTINÊNCIA TEMÁTICA CONFIGURADA – ALEGADA UTILIZAÇÃO DO CONTROLE NORMATIVO ABSTRATO PARA A DEFESA DE INTERESSES INDIVIDUAIS E CONCRETOS – NÃO CARACTERIZAÇÃO – RECONHECIMENTO PELO RELATOR DA CAUSA, DE QUE SE REVESTE DE DENSIDADE JURÍDICA A PRETENSÃO DE INCONSTITUCIONALIDADE DEDUZIDA PELOS LITISCONSORTES ATIVOS – INOBSERVÂNCIA, NA ESPÉCIE, DA RELAÇÃO DE RAZOÁVEL

EQUIVALÊNCIA QUE NECESSARIAMENTE DEVE HAVER ENTRE O VALOR DA TAXA E O CUSTO DO SERVIÇO PRESTADO OU POSTO À DISPOSIÇÃO DO CONTRIBUINTE - OFENSA AOS PRINCÍPIOS CONSTITUCIONAIS DA NÃO CONFISCATORIEDADE (CF, ART. 150, IV) E DA PROPORCIONALIDADE (CF, ART. 5º, LIV) - ENTENDIMENTO DO RELATOR DE QUE, NÃO OBSTANTE CONFIGURADO O REQUISITO PERTINENTE À PLAUSIBILIDADE JURÍDICA, NÃO SE REVELA PRESENTE, NO CASO, O PRESSUPOSTO DO *PERICULUM IN MORA* - DECISÃO DO PLENÁRIO, NO ENTANTO, QUE RECONHECEU CONFIGURADA, NA ESPÉCIE, A SITUAÇÃO CARACTERIZADORA DO *PERICULUM IN MORA*, O QUE O LEVOU A NÃO DEFERENDAR, POR TAL RAZÃO A DECISÃO DO RELATOR - CONSEQUENTE DEFERIMENTO DA MEDIDA CAUTELAR.

INADEQUAÇÃO DO CONTROLE NORMATIVO ABSTRATO PARA A DEFESA DE INTERESSES INDIVIDUAIS E CONCRETOS: SITUAÇÃO INOCORRENTE NA ESPÉCIE. CONSEQUENTE IDONEIDADE JURÍDICA DO MEIO PROCESSUAL UTILIZADO.

- O controle normativo de constitucionalidade qualifica-se como típico processo de caráter objetivo, vocacionado, exclusivamente, à defesa, em tese, da harmonia do sistema constitucional. A instauração desse processo objetivo tem por função instrumental viabilizar o julgamento da validade abstrata do ato estatal em face da Constituição da República. O exame de relações jurídicas concretas e individuais constitui matéria juridicamente estranha ao domínio do processo de controle concentrado de constitucionalidade.

A tutela jurisdicional de situações individuais, uma vez suscitada a controvérsia de índole constitucional, há de ser obtida na via do controle difuso de constitucionalidade, que, supondo a existência de um caso concreto, revela-se acessível a qualquer pessoa que disponha de interesse e legitimidade (CPC, art. 3º)

A GARANTIA CONSTITUCIONAL DA NÃO CONFISCATORIEDADE.

- O ordenamento constitucional brasileiro, ao definir o estatuto dos contribuintes, instituiu, em favor dos sujeitos passivos que sofrem a ação fiscal dos entes estatais, expressiva garantia de ordem jurídica que limita, de modo significativo, o poder de tributar de que o Estado se acha investido. Dentre as garantias constitucionais que protegem o contribuinte, destaca-se em face de seu caráter eminente, aquela que proíbe a utilização do tributo - de qualquer tributo - com efeito confiscatório (CF, art. 150, IV).

– A Constituição da República, ao consagrar o postulado da não confiscatoriedade, vedou qualquer medida, que, adotada pelo Estado, possa conduzir, no campo da fiscalidade, à injusta apropriação estatal do patrimônio ou dos rendimentos dos contribuintes, comprometendo-lhes, em função da insuportabilidade da carga tributária, o exercício de uma existência digna, ou a prática de atividade profissional lícita, ou ainda, a regular satisfação de suas necessidades vitais (educação, saúde e habitação, p.ex.).

– Conceito de tributação confiscatória: jurisprudência constitucional do Supremo Tribunal Federal (ADI 2.010-MC/DF, Rel. Min. Celso de Mello, v.g.) e o magistério da doutrina. A questão da insuportabilidade de carga tributária.

TAXA: CORRESPONDÊNCIA ENTRE O VALOR EXIGIDO E O CUSTO DA ATIVIDADE ESTATAL.

– A taxa, enquanto contraprestação a uma atividade do Poder Público, não pode superar a relação de razoável equivalência que deve existir entre o custo real da atuação estatal referida ao contribuinte e o valor que o Estado pode exigir de cada contribuinte, considerados, para esse efeito, os elementos pertinentes às alíquotas e à base de cálculo fixado em lei.

– Se o valor da taxa, no entanto, ultrapassar o custo do serviço prestado ou posto à disposição do contribuinte, dando causa, assim, a uma situação de onerosidade excessiva, que descaracterize essa relação de equivalência entre os fatores referidos (o custo real do serviço, de um lado, e o valor exigido do contribuinte, de outro), configurar-se-á, então, quanto a essa modalidade de tributo, hipótese de ofensa à cláusula vedatória inscrita no art. 150, IV, da Constituição da República. Jurisprudência. Doutrina.

TRIBUTAÇÃO E OFENSA AO PRINCÍPIO DA PROPORCIONALIDADE.

– O Poder Público, especialmente em sede de tributação, não pode agir imoderadamente, pois a atividade estatal acha-se essencialmente condicionada pelo princípio da razoabilidade, que traduz limitação material à ação normativa do Poder Legislativo.

– O Estado não pode legislar abusivamente. A atividade legislativa está necessariamente sujeita à rígida observância de diretriz fundamental, que, encontrando suporte teórico no princípio da proporcionalidade, veda os excessos normativos e as prescrições irrazoáveis do Poder Público.

O princípio da proporcionalidade, nesse contexto, acha-se vocacionado a inibir e a neutralizar os abusos do Poder Público no exercício de suas funções, qualificando-se como parâmetro de aferição da própria constitucionalidade material dos atos estatais.

– A prerrogativa institucional de tributar, que o ordenamento positivo reconhece ao Estado, não lhe outorga o poder de suprimir (ou de inviabilizar) direitos de caráter fundamentais, constitucionalmente assegurados ao contribuinte. É que este dispõe, nos termos da própria Carta Política, de um sistema de proteção destinado a ampará-lo contra eventuais excessos cometidos pelo poder tributante ou, ainda, contra exigências irrazoáveis veiculadas em diplomas normativos editados pelo Estado.

ACÓRDÃO

Vistos, relatados e discutidos estes autos, acordam os Ministros do Supremo Tribunal Federal, em Sessão Plenária, sob a Presidência do Ministro Maro Aurélio, na conformidade da ata de julgamentos e das notas taquigráficas, por maioria de votos, em negar referendo ao indeferimento da liminar de sua Excelência o Senhor Ministro Celso de Melo, Relator, e deferir a medida acautelatória para suspender a eficácia do artigo 16 da Lei nº 13.430, de 28 de dezembro de 1999, ambas do Estado de Minas Gerais, vencidos os Senhores Ministros Relator Ellen Gracie e Maurício Corrêa.

Brasília, 02 de abril de 2003.
Celso de Melo – Relator

E) ATIVIDADE PRIVADA. EXCLUSÃO DE SÓCIO DE UMA SOCIEDADE CIVIL. OBEDIÊNCIA AO EXERCÍCIO DA AMPLA DEFESA.

30.04.1996 SEGUNDA TURMA
RECURSO EXTRAORDINÁRIO Nº 158.215-4 RIO GRANDE DO SUL

RELATOR: MINISTRO MARCO AURÉLIO
RECORRENTES: AYRTON DA SILVA CAPAVERDE E OUTROS
RECORRIDA: COOPERATIVA MISTA SÃO LUIZ LTDA.

EMENTA: DEFESA – DEVIDO PROCESSO LEGAL – INCISO LV DO ROL DAS GARANTIAS CONSTITUCIONAIS – EXAME – LEGISLAÇÃO COMUM. A intangibilidade do preceito constitucional assegurador do devido processo legal direciona ao exame da legislação comum. Daí a insubsistência da ótica segundo a qual a violência à Carta Política da República, suficiente a ensejar o conhecimento de extraordinário, há de ser direta e frontal. Caso a caso, compete ao Supremo Tribunal Federal exercer crivo sobre a matéria, distinguindo os recursos protelatórios daqueles em que versada, com procedência, a transgressão a texto constitucional, muito embora torne-se necessário, até mesmo, partir-se do que previsto na legislação comum. Entendimento diverso implica relegar à inocuidade dois princípios básicos em um Estado Democrático de Direito – e da legalidade e do devido processo legal, com a garantia da ampla defesa, sempre a pressuporem a consideração de normas estritamente legais.

COOPERATIVA – EXCLUSÃO DE ASSOCIADO – CARÁTER PUNITIVO – DEVIDO PROCESSO LEGAL. Na hipótese de exclusão de associado decorrente de conduta contrária aos estatutos, impõe-se a observância ao devido processo legal, viabilizando o exercício amplo da defesa. Simples desafio do associado à assembleia geral no que toca à exclusão, não é de molde a atrair adoção de processo sumário. Observância obrigatória do próprio estatuto da cooperativa.

ACÓRDÃO

Vistos relatados e discutidos estes autos, acordam os Ministros do Supremo Tribunal Federal, em segunda turma, na conformidade da ata do julgamento e as notas taquigráficas, por unanimidade de votos, em conhecer do recurso e lhe dar provimento para julgar procedente a ação, nos termos do voto do Relator.

Brasília, 30 de abril de 1996.
Neri da Silveira – Presidente
Marco Aurélio – Relator

F) SOCIEDADE CIVIL. AUTONOMIA PRIVADA.

Exclusão de sócio. Obediência ao devido processo legal.

11.10.2005 SEGUNDA TURMA
RECURSO EXTRAORDINÁRIO 201.819-8 RIO DE JANEIRO
RELATORA ORIGINÁRIA: MIN. ELLEN GRACIE
RELATOR PARA O ACÓRDÃO: MIN. GILMAR MENDES
RECORRENTE: UNIÃO BRASILEIRA DE COMPOSITORES – UBC
ADVOGADO: VERA LUCIA RODRIGUES GATTI E OUTROS
RECORRIDO: ARTHUR RODRIGUES VILLARINHO
ADVOGADO: ROBERTA BAPTISTELLI E OUTRO

EMENTA: SOCIEDADE CIVIL SEM FINS LUCRATIVOS. UNIÃO BRASILEIRA DE COMPOSITORES. EXCLUSÃO DE SÓCIO SEM GARANTIA DA AMPLA DEFESA E DO CONTRADITÓRIO. EFICÁCIA DOS DIREITOS FUNDAMENTAIS NAS RELAÇÕES PRIVADAS. RECURSO DESPROVIDO.

I. EFICÁCIA DOS DIREITOS FUNDAMENTAIS NAS RELAÇÕES PRIVADAS. As violações a direitos não ocorrem somente no âmbito das relações entre o cidadão e o Estado, mas igualmente nas relações travadas entre pessoas físicas e jurídicas de direito privado. Assim, os direitos fundamentais assegurados pela Constituição vinculam diretamente não apenas os poderes públicos, estando direcionados também à proteção dos particulares em face dos poderes privados.

II. OS PRINCÍPIOS CONSTITUCIONAIS COMO LIMITES À AUTONOMIA PRIVADA DAS ASSOCIAÇÕES. A ordem jurídico-constitucional brasileira não conferiu a qualquer associação civil a possibilidade de agir à revelia dos princípios inscritos nas leis e, em especial, dos postulados que têm por fundamento direto o próprio texto da Constituição da República notadamente em tema de proteção às liberdades e garantias fundamentais. O espaço de autonomia privada garantido pela Constituição às associações não está imune à incidência dos princípios constitucionais que asseguram o respeito aos direitos fundamentais de seus associados. A autonomia privada, que encontra claras limitações de ordem jurídica, não pode ser exercida em detrimento ou com desrespeito aos direitos e garantias de terceiros, especialmente aqueles positivados em sede constitucional, pois a autonomia da vontade não confere aos particulares, no domínio de sua incidência e atuação, o poder de transgredir ou de ignorar as restrições postas e definidas pela própria Constituição, cuja eficácia e força normativa também se impõem, aos particulares, no âmbito de suas relações privadas, em tema de liberdades fundamentais.

III. SOCIEDADE CIVIL SEM FINS LUCRATIVOS. ENTIDADE QUE INTEGRA ESPAÇO PÚBLICO, AINDA QUE NÃO ESTATAL. ATIVIDADE DE CARÁTER PÚBLICO. EXCLUSÃO DE SÓCIO SEM GARANTIA DO DEVIDO PROCESSO LEGAL. APLICAÇÃO DIRETA DOS DIREITOS FUNDAMENTAIS A AMPLA DEFESA E AO CONTRADITÓRIO. As associações privadas que exercem função predominante em determinado âmbito econômico e/ou social, mantendo seus associados em relações de dependência econômica e/ou social, integram o que se pode denominar de espaço público, ainda que não estatal. A União Brasileira de Compositores - UBC, sociedade civil sem fins lucrativos, integra a estrutura do ECAD, e, portanto, assume posição privilegiada para determinar a extensão de sócio do quadro social da UBC, sem qualquer garantia de ampla defesa, do contraditório, ou do devido processo constitucional, onera consideravelmente o recorrido, o qual fica impossibilitado de perceber os direitos autorais relativos à execução de suas obras. A vedação das garantias constitucionais do devido processo legal acaba por restringir a própria liberdade de exercício profissional do sócio. O caráter público da atividade exercida pela sociedade e a dependência do vínculo associativo para o exercício profissional de seus sócios legitimam, no caso concreto, a aplicação direta dos direitos fundamentais concernentes ao devido processo legal, ao contraditório e a ampla defesa (art. 5º, LIV e LV, CF/88).

IV. RECURSO EXTRAORDINÁRIO DESPROVIDO.

ACÓRDÃO

Vistos, relatados e discutidos estes autos, acordam os Ministros do Supremo Tribunal Federal, em Segunda Turma, sob a presidência do senhor Ministro Celso de Melo, na conformidade da ata de julgamento e das notas taquigráficas, por maioria de votos, conhecer e negar provimento ao recurso extraordinário.

Brasília, 11 de outubro de 2005.
Ministro Gilmar Mendes - Relator

G) DIGNIDADE PESSOAL. EXIGÊNCIA DE EXAMES PARA VERIFICAÇÃO DE ESTADO. COMPULSORIEDADE. LIMITES.

HABEAS CORPUS Nº 76.060-4 SANTA CATARINA

RELATOR: MIN. SEPÚLVEDA PERTENCE
PACIENTE: ARANTE JOSÉ MONTEIRO FILHO
IMPETRANTE: ELISA PIMENTA
COATOR: TRIBUNAL DE JUSTIÇA DO ESTADO DE SANTA CATARINA

EMENTA: DNA: submissão compulsória ao fornecimento de sangue para a pesquisa do DNA: estado da questão do direito comparado: precedente do STF que libera do constrangimento o réu em ação de investigação de paternidade (HC 71.373) e o dissenso dos votos vencidos: deferimento, não obstante, do HC na espécie, em que se cuida de situação atípica na qual se pretende - de resto, apenas para obter prova de reforço - submeter ao exame o pai presumido, em processo que tem por objeto a pretensão de terceiro de ver-se declarado o pai biológico da criança nascida na constância do casamento do paciente: hipótese na qual, à luz do princípio da proporcionalidade ou da razoabilidade, se impõe evitar a afronta à dignidade pessoal que, nas circunstâncias, a sua participação na perícia substantivaria.

ACÓRDÃO

Vistos, relatados e discutidos estes autos, acordam os Ministros da Primeira Turma do Supremo Tribunal Federal, na conformidade da ata de julgamento e das notas taquigráficas, por unanimidade de votos, em deferir o pedido de *habeas corpus*.

Brasília, 31 de março de 1998.
Moreira Alves - Presidente
Sepúlveda Pertence - Relator

H) PROCESSO LEGISLATIVO. RAZOABILIDADE E PROPORCIONALIDADE NA ELABORAÇÃO LEGISLATIVA.

MED. CAUT. EM AÇÃO DIRETA DE INCONSTITUCIONALIDADE 2.667-4 DISTRITO FEDERAL

RELATOR: MIN. CELSO DE MELLO
REQUERENTE: CONFEDERAÇÃO NACIONAL DOS ESTABELECIMENTOS DE ENSINO - CONFENEN
ADVOGADO: VALÉRIO ALVARENGA MONTEIRO DE CASTRO
REQUERIDA: CÂMARA LEGISLATIVA DO DISTRITO FEDERAL

EMENTA: AÇÃO DIRETA DE INCONSTITUCIONALIDADE - LEI DISTRITAL QUE DISPÕE SOBRE A EMISSÃO DE CERTIFICADO DE CONCLUSÃO DO CURSO E QUE AUTORIZA O FORNECIMENTO

DE HISTÓRICO ESCOLAR PARA ALUNOS DA TERCEIRA SÉRIE DO ENSINO MÉDIO QUE COMPROVAREM APROVAÇÃO EM VESTIBULAR PARA INGRESSO EM CURSO DE NÍVEL SUPERIOR – LEI DISTRITAL QUE USURPA COMPETÊNCIA – CONSIDERAÇÕES EM TORNO DAS LACUNAS PREENCHÍVEIS – NORMA DESTITUÍDA DO NECESSÁRIO COEFICIENTE DE RAZOABILIDADE – OFENSA AO PRINCÍPIO DA PROPORCIONALIDADE – ATIVIDADE LEGISLATIVA EXERCIDA COM DESVIO DE PODER – PLAUSIBILIDADE JURÍDICA DO PEDIDO – DEFERIMENTO DA MEDIDA CAUTELAR COM EFICÁCIA *EX TUNC*.

A USURPAÇÃO DA COMPETÊNCIA LEGISLATIVA, QUANDO PRATICADA POR QUALQUER DAS PESSOAS ESTATAIS, QUALIFICA-SE COMO ATO DE TRANSGRESSÃO CONSTITUCIONAL.

– A Constituição da República, nas hipóteses de competência concorrente, (CF, art. 24), estabeleceu verdadeira situação de condomínio legislativo entre a União Federal, os Estados-membros e o Distrito Federal (RAUL MACHADO HORTA, *Estudos de Direito Constitucional*, p. 366, item nº 2, 1995, Del Rey) daí resultando clara repartição vertical de competências normativas entre essas pessoas estatais, cabendo, à União, estabelecer normas gerais (CF, art. 24, § 1º), e, aos Estados-membros e ao Distrito Federal, exercer competência suplementar |(CF, art. 24, § 2º).

– A Carta Política, por sua vez, ao instituir um sistema de condomínio legislativo nas matérias taxativamente indicadas no seu art. 24 – dentre as quais avulta, por sua importância, aquela concernente ao ensino (art. 24, IX) – deferiu ao Estado-membro e ao Distrito Federal, em "inexistindo lei federal sobre normas gerais", a possibilidade de exercer a competência legislativa plena, desde que "para atender a suas peculiaridades" (art. 24, § 3º).

– Os Estados-membros e o Distrito Federal não podem, mediante legislação autônoma, agindo *ultra vires* transgredir a legislação fundamental ou de princípios que a União Federal fez editar no desempenho legítimo de sua competência constitucional e de cujo exercício deriva o poder de fixar validamente, diretrizes e bases gerais pertinentes a determinada matéria (educação e ensino, na espécie).

– Considerações doutrinárias em torno da questão pertinente às lacunas preenchíveis.

TODOS OS ATOS EMANADOS DO PODER PÚBLICO ESTÃO NECESSARIAMENTE SUJEITOS, PARA EFEITO DE SUA VALIDADE MATERIAL À INDECLINÁVEL OBSERVÂNCIA DE PADRÕES MÍNIMOS DE RAZOABILIDADE.

– As normas legais devem observar, no processo de sua formulação, critérios de razoabilidade que guardem estreita consonância com os padrões fundados no princípio da proporcionalidade, pois todos os atos emanadas do Poder Público devem ajustar-se à cláusula que consagra, em sua dimensão material, o princípio do *substantive due process of law*. Lei Distrital que, no caso, não observa padrões mínimos de razoabilidade.

A EXIGÊNCIA DE RAZOABILIDADE QUALIFICA-SE COMO PARÂMETRO DE AFERIÇÃO DA CONSTITUCIONALIDADE MATERIAL DOS ATOS ESTATAIS.

– A exigência de razoabilidade – que visa a inibir e a neutralizar eventuais abusos do Poder Público, notadamente no desempenho de suas funções normativas – atua, enquanto categoria fundamental de limitação dos excessos emanados do Estado, como verdadeiro parâmetro de aferição da constitucionalidade material dos atos estatais.

APLICABILIDADE DA TEORIA DO DESVIO DE PODER AO PLANO DAS ATIVIDADES NORMATIVAS DO ESTADO.

– A teoria do desvio de poder, quando aplicada ao plano das atividades legislativas, permite que se contenham eventuais excessos decorrentes do exercício imoderado e arbitrário da competência institucional outorgada ao Poder Público, pois o Estado não pode, no desempenho de suas atribuições, dar causa à instauração de situações normativas que comprometam e afetem os fins que regem a prática da função de legislar.

A EFICÁCIA *EX TUNC* DA MEDIDA CAUTELAR NÃO SE PRESUME, POIS DEPENDE DE EXPRESSA DETERMINAÇÃO CONSTANTE DA DECISÃO QUE A DEFERE, EM SEDE DE CONTROLE NORMATIVO ABSTRATO.

– A medida cautelar, em sede de fiscalização normativa abstrata, reveste-se, ordinariamente, de eficácia *ex nunc*, "operando, portanto, a partir do momento em que o Supremo Tribunal Federal a defere". (RTJ 124/80). Excepcionalmente, no entanto, e para que não se frustrem os seus objetos, a medida cautelar poderá projetar-se com eficácia *ex tunc*, com consequente repercussão sobre situações pretéritas (RTJ 138/86), retroagindo os seus efeitos ao próprio momento em que editado o ato normativo, por ela alcançado.

Para que se outorgue eficácia *ex tunc* ao provimento cautelar, em sede de fiscalização concentrada de constitucionalidade, impõe-se que o Supremo Tribunal Federal expressamente assim o determine, na decisão que conceder essa medida extraordinária (RTJ 164/506-509, 508, Rel. Min. Celso de Mello). Situação excepcional que se verifica no caso ora em exame, apta a justificar a outorga de provimento cautelar com eficácia *ex tunc.*

ACÓRDÃO

Vistos, relatados e discutidos estes autos, acordam os Ministros do Supremo Tribunal Federal, em Sessão Plenária, na conformidade da ata de julgamento e das notas taquigráficas, por unanimidade de votos, em conceder a medida acauteladora para suspender, com eficácia *ex tunc*, a execução e a aplicabilidade da Lei nº 2.921, de 22 de fevereiro de 2002, editada pelo Distrito Federal.

Brasília, 19 de junho de 2002.
Marco Aurélio – Presidente
Celso de Mello – Relator

I) ATIVIDADE EMPRESARIAL. RESPEITO À SAÚDE PÚBLICA. EXIGÊNCIAS. OBEDIÊNCIA À RAZOABILIDADE. ATUAÇÃO LIMITADA DO ESTADO.

– Decreto nº 2.637, de 25 de junho de 1998, que exige, do comércio de cigarros, embalagem de 20 unidades, ofende o princípio da razoabilidade e da proporcionalidade.
– Indeferimento de pedido de contracautela.

Supremo Tribunal Federal
Suspensão de Segurança nº 1.320-9

Requerente: União Federal
Requerido: Tribunal Regional Federal 1ª Região
Impetrante: Philip Morris Brasil S/A
Relator: Sr. Ministro Celso de Mello (Presidente)
Despacho do Relator

DECISÃO: A União Federal, com fundamento no art. 4º da Lei nº 4.348 c/c o art. 297 do RISTF, requer a suspensão da eficácia executiva de acórdão, que, proferido pelo E. Tribunal Regional Federal da 1ª Região, concedeu, em sede recursal, mandado de segurança em favor da parte impetrante.

O acórdão concessivo da ordem mandamental, cuja suspensão de eficácia é ora requerida na presente sede processual, está assim ementado (fls. 262):

> ADMINISTRATIVO E CONSTITUCIONAL - COMÉRCIO VAREJISTA DE CIGARROS - EMBALAGEM COM UMA VINTENA DE UNIDADES: DECRETO Nº 2.637, DE 25.06.1998 - RIPI.
> [...]
> 3. Exigência do comércio de cigarros em embalagem de vinte unidades que não atende ao critério da razoabilidade e proporcionalidade com o texto constitucional que proclama a livre iniciativa da ordem econômica, dentro do princípio da livre concorrência (art. 170, IV da CF).
> 4. Recurso provido. Segurança concedida.

A União Federal alega que a imediata execução da decisão ora questionada implicará grave lesão à ordem, à saúde e à economia públicas.

A douta Procuradoria-Geral da República, ao acolher um dos fundamentos invocados pela União Federal, opinou pelo deferimento do pedido de suspensão de segurança (fls. 369/371).

Impõe-se analisar, preliminarmente, a questão pertinente à competência monocrática do Presidente do Supremo Tribunal Federal para apreciar a postulação ora deduzida.

Sabe-se, em face da regra de competência inscrita no art. 25 da Lei nº 8.038/1990, que assiste ao Presidente do Supremo Tribunal Federal o poder de ordenar a suspensão de eficácia da liminar ou, até mesmo, a paralisação das consequências decorrentes da concessão do mandado de segurança, sempre que o exame da causa mandamental evidenciar que esta se apoia em fundamento jurídico de natureza constitucional (RTJ 141/719, Rel. Min. Sydney Sanches, *RTJ* 153/53, Rel. Min. Octavio Gallotti - SS nº 304-RS (AgRg), Rel. Min. Néri da Silveira).

A análise da controvérsia suscitada no processo de mandado de segurança em referência evidencia a existência de temas de índole constitucional, especialmente daqueles que se referem à alegada transgressão dos princípios da igualdade, da liberdade de iniciativa empresarial e da razoabilidade.

Sendo assim, e reconhecendo dispor de competência para julgar esta causa, passo a apreciar o pedido de contracautela formulado pela União Federal.

Cabe ressaltar, por necessário, que, na análise do pedido de suspensão de segurança, não se examina, em princípio, o mérito da causa mandamental, devendo, a apreciação jurisdicional, limitar-

-se, nesta instância de mera delibação, aos aspectos concernentes ao reconhecimento, ou não, da potencialidade lesiva do ato decisório – que defere a medida liminar ou que concede o mandado de segurança – sobre a ordem e a economia públicas (RTJ 125/904, Rel. Min. RAFAEL MAYER, *RTJ* 143/23, Rel. Min. Néri da Silveira):

> Em processo de Suspensão de Segurança, não se examinam as questões da causa em que deferido o writ ou a liminar, mas, apenas, se ocorre, com tal deferimento, hipótese de risco de grave lesão à ordem, à saúde, à segurança e à economia públicas (art. 4º da Lei nº 4.348, de 26.06.1964, e art. 297 do RISTF).
> (RTJ 140/366, Rel. Min. Sydney Sanches)

E, sob tal aspecto, entendo inocorrer situação configuradora de lesão potencial aos valores sociais tutelados pelo diploma legislativo, que, em caráter excepcional, legitima o deferimento da medida de contracautela.

Cabe referir, neste ponto, a procedente observação feita pela douta Procuradoria-Geral de República, cujo parecer, ao afastar a alegação de grave ofensa à economia e à ordem públicas, assim justificou o seu pronunciamento (fls. 370):

> No mérito, quanto à grave lesão à economia pública, parece-me que não assiste razão à União Federal. Por certo, se uma das finalidades da restrição legal no mandado de segurança questionada é inibir o aumento da comercialização de cigarros, que se tornaria realidade com a diminuição do número de cigarros por maço – porque, logicamente, o preço por carteira seria mais reduzido –, forçosa a conclusão de que a mudança assegurada à Philip Morris Brasil S/A pelo acórdão ora impugnado trará ao Fisco uma maior arrecadação do IPI.
> Relativamente à grave lesão à ordem pública, melhor sorte não tem a requerente, pois a existência de dificuldades maiores na fiscalização de tributo não há de ser considerada como obstáculo para a efetivação do princípio constitucional da livre-iniciativa. Cumpre ao Estado aparelhar-se adequadamente para a realização de suas atividades, de forma a satisfazer o interesse público sem causar prejuízo a bens jurídicos constitucionalmente protegidos.

Sustenta-se, de outro lado, e desta vez com o apoio do Ministério Público Federal (fls. 371), que a saúde pública poderia ser afetada pela imediata execução da decisão em causa.

Tenho para mim, no entanto, que o acórdão ora impugnado não agrava, por si só, os efeitos prejudiciais que ordinariamente decorrem da prática nociva do tabagismo.

Na realidade, a redução do número de cigarros em cada embalagem poderia ter o efeito de condicionar o comportamento do fumante, estimulando-o, psicologicamente, a diminuir o consumo diário desse produto.

Daí a observação constante do parecer elaborado pelo eminente Professor Celso Antônio Bandeira de Mello (fls. 170):

> Notoriamente, o conteúdo do maço ou carteira de cigarro serve de referência para o consumo diário dos fumantes (todos que fumam bem o sabem) e de alerta para que se mantenham dentre de certos limites. Cumpre psicologicamente a função de delimitar um ponto a não ser ultrapassado. Não raro, os que querem melhor controlar-se ou diminuir o número de cigarros fumados servem-se de cigarreiras que preenchem com quantidade inferior à vintena, no afã de reduzir paulatinamente a quantidade de unidades por dia [...].
> Donde, embalagens com quantidade algo inferior à vintena concorrem na mesma direção estimativa das campanhas contra o fumo, presumidamente defensivas da saúde, ao passo que a obrigatoriedade da vintena imposta pelo decreto-lei e normas a ele subalternas – contradita tal orientação.

Cabe destacar, neste ponto, por necessário, que a comercialização de cigarros, no Brasil, em embalagens com quantidade inferior a 20 unidades, não constitui fato novo, mesmo porque – é preciso salientar – a exigência de que cada maço contivesse 20 unidades aplicava-se somente às empresas brasileiras (DL nº 1.593/1976, art. 6º), e não às empresas estrangeiras, que puderam, até o advento do Decreto nº 2.637/1998 (art. 272), comercializar seus produtos no território nacional, em embalagens com quantidades inferiores a 20 unidades.

Impõe-se ter presente, finalmente, que o poder-dever que incumbe ao Estado de intervir em atividades consideradas prejudiciais à saúde pública encontra limitações no próprio texto da Constituição da República, que não admite e nem tolera a edição de atos estatais veiculadores de restrições desvestidas de razoabilidade.

Essa, no fundo, simultaneamente com os temas da reserva constitucional de lei formal **e** da liberdade de iniciativa empresarial, traduz a questão básica, cuja discussão – vinculada ao princípio do *substantive due process of law* – acha-se em curso no processo mandamental de que se originou o acórdão ora questionado.

Os temas suscitados no processo mandamental assumem inquestionável relevância jurídico-constitucional, notadamente a controvérsia que, na espécie ora em exame, põe em evidência o princípio da proporcionalidade.

É certo – como já precedentemente enfatizei – que, em sede de suspensão de segurança, não se discute, em princípio, o fundo da controvérsia mandamental (*RTJ* 143/23).

No entanto, não posso deixar de considerar, na análise do caso presente, tanto a existência de um acórdão concessivo de mandado de segurança (remédio constitucional cuja eficácia não deve ser neutralizada por disposição constante de simples diploma legislativo) quanto a plausibilidade jurídica da tese exposta pela parte impetrante, especialmente se se considerar a jurisprudência constitucional do Supremo Tribunal Federal que já assentou o entendimento de que transgride o princípio do devido processo legal (CF, art. 5º, LIV) – analisado este na perspectiva de sua projeção material (*substantive due process of law*) – a regra estatal que veicula, em seu conteúdo, prescrição normativa qualificada pela nota da irrazoabilidade.

Coloca-se em evidência, neste ponto, o tema concernente ao princípio da proporcionalidade, que se qualifica – enquanto coeficiente de aferição da razoabilidade dos atos estatais (Celso Antônio Bandeira de Mello, *Curso de direito administrativo,* p. 56/57, itens nº 18/19, 4ª ed., 1993, Malheiros; Lúcia Valle Figueiredo, *Curso de direito administrativo*, p. 46, item nº 3.3, 2ª ed., 1995, Malheiros) – como postulado básico de **contenção** dos excessos do Poder Público.

Essa é a razão pela qual a doutrina, após destacar a ampla incidência desse postulado sobre os múltiplos aspectos em que se desenvolve a atuação do Estado – inclusive sobre a atividade estatal de produção normativa – adverte que o princípio da proporcionalidade, essencial à racionalidade do Estado Democrático de Direito e imprescindível à tutela mesma das liberdades fundamentais, proíbe o excesso e veda o arbítrio do Poder, extraindo a sua justificação dogmática de diversas cláusulas constitucionais, notadamente daquela que veicula, em sua dimensão substantiva ou material, a garantia do *due process of law* (Raquel Denize Stumm, *Princípio da proporcionalidade no direito constitucional brasileiro,* p. 159/170, 1995, Livraria do Advogado Editora; Manoel Gonçalves Ferreira Filho, *Direitos humanos fundamentais,* p. 111/112, item nº 14, 1995, Saraiva; Paulo Bonavides, *Curso de direito constitucional,* p. 352/355, item nº 11, 4ª ed., 1993, Malheiros; Gilmar Ferreira Mendes, *Controle de constitucionalidade – aspectos jurídicos e políticos,* p. 38/54, 1990, Saraiva).

Como precedentemente enfatizado, o princípio da proporcionalidade visa a inibir e a neutralizar o abuso do Poder Público no exercício das funções que lhe são inerentes, notadamente no desempenho da atividade de caráter legislativo e regulamentar. Dentro dessa perspectiva, o postulado em questão, enquanto categoria fundamental de limitação dos excessos emanados do Estado, atua como verdadeiro parâmetro de aferição da própria constitucionalidade material dos atos estatais.

A validade das manifestações do Estado, analisadas estas em função de seu conteúdo intrínseco – especialmente naquelas hipóteses de imposições restritivas incidentes sobre determinados valores básicos – passa a depender, essencialmente, da observância de determinados requisitos que pressupõem *"não só a legitimidade dos meios utilizados e dos fins perseguidos pelo legislador, mas também a adequação desses meios para consecução dos objetivos pretendidos [...] e a necessidade de sua utilização [...]"*, de tal modo que *"um juízo definitivo sobre a proporcionalidade ou razoabilidade da medida há de resultar da rigorosa ponderação entre o significado da intervenção para o atingido e os objetivos perseguidos pelo legislador [...]"* (Gilmar Ferreira Mendes, A proporcionalidade na jurisprudência do Supremo Tribunal Federal. In: *Repertório IOB de Jurisprudência*, nº 23/94, p. 475).

Cumpre enfatizar, neste ponto, que a cláusula do devido processo legal – objeto de expressa proclamação pelo art. 5º, LIV, da Constituição, e que traduz um dos fundamentos dogmáticos do princípio da proporcionalidade – deve ser entendida, na abrangência de sua noção conceitual, não só sob o aspecto meramente formal, que impõe restrições de caráter ritual à atuação do Poder Público (*procedural due process of law*), mas, sobretudo, em sua dimensão material (substantive due process of law), que atua como decisivo obstáculo à edição de atos normativos revestidos de conteúdo arbitrário ou irrazoável.

A essência do substantive due process of law reside na necessidade de proteger os direitos e as liberdades das pessoas contra qualquer modalidade de legislação ou de regulamentação que se revele opressiva ou destituída do necessário coeficiente de razoabilidade.

Isso significa, dentro da perspectiva da extensão da teoria do desvio de poder ao plano das atividades normativas do Estado, que este não dispõe de competência para atuar ilimitadamente, de forma imoderada e irresponsável, gerando, com o seu comportamento institucional, situações normativas de absoluta distorção e, até mesmo, de subversão dos fins que regem o desempenho da função estatal.

Daí a advertência de Caio Tácito (*RDP* 100/11-12), que, ao relembrar a lição pioneira de Santi Romano, destaca que a figura do desvio de poder legislativo impõe o reconhecimento de que, mesmo nas hipóteses de seu discricionário exercício, a atividade normativa deve desenvolver-se em estrita relação de harmonia com o interesse público.

A jurisprudência constitucional do Supremo Tribunal Federal, bem por isso, tem censurado a validade jurídica de atos estatais, que, desconsiderando as limitações que incidem sobre o poder normativo do Estado, veiculam prescrições que ofendem os padrões de razoabilidade e que se revelam destituídas de causa legítima, exteriorizando abusos inaceitáveis e institucionalizando agravos inúteis e nocivos aos direitos das pessoas (*RTJ* 160/140, Rel. Min. Celso de Mello, ADIn 1.063-DF, Rel. Min. Celso de Mello, v.g.).

De outro lado, o Plenário do Supremo Tribunal Federal tem prestigiado normas que não se revelam arbitrárias ou irrazoáveis em suas prescrições, em suas determinações ou em suas limitações:

> A norma estatal, que não veicula qualquer conteúdo de irrazoabilidade, ajusta-se ao princípio do devido processo legal, analisado na perspectiva de sua projeção material (*substantive due process of law*).
> Essa cláusula tutelar, ao inibir os efeitos prejudiciais decorrentes do abuso de poder legislativo, enfatiza a noção de que a prerrogativa de legislar outorgada ao Estado constitui atribuição jurídica essencialmente limitada, ainda que o momento de abstrata instauração normativa possa repousar em juízo meramente político ou discricionário do legislador.
> (ADIn 1.407-DF, Rel. Min. Celso de Mello)

Conclui-se, portanto, que, se a norma revelar-se tisnada pelo vício da irrazoabilidade, restará configurado, em tal anômala situação, o excesso de poder em que incidiu o Estado, o que compromete a própria função constitucional inerente à atividade de positivação do Direito, pois o ordenamento jurídico não pode conviver com atos estatais revestidos de conteúdo arbitrário.

Sendo assim, tendo presentes as razões expostas, indefiro o pedido de contracautela formulado pela União Federal.

Arquivem-se os presentes autos.

Publique-se.

Brasília, 06 de abril de 1999.

Ministro Celso de Mello
Presidente

J) TRIBUTÁRIO. TAXA JUDICIÁRIA. A COBRANÇA EXCESSIVA NÃO É RAZOÁVEL, PORQUE IMPEDE O ACESSO À JUSTIÇA.

28.03.1984 TRIBUNAL PLENO
REPRESENTAÇÃO Nº 1.077 - RIO DE JANEIRO

REPRESENTANTE: PROCURADOR-GERAL DA REPÚBLICA
REPRESENTADOS: ASSEMBLEIA LEGISLATIVA
GOVERNO DO ESTADO DO RIO DE JANEIRO

EMENTA: Taxa judiciária.
- Taxa judiciária é tributo da espécie taxa.
- Essa natureza jurídica não foi alterada com a edição da Emenda Constitucional nº 7/1977.
- Se a taxa judiciária, por excessiva, criar obstáculo capaz de impossibilitar a muitos a obtenção de prestação jurisdicional, é ela inconstitucional, por ofensa ao disposto na parte inicial do § 4º do artigo 153 da Constituição.

Representação julgada procedente em parte, para declarar-se a inconstitucionalidade das expressões "dos Procuradores do Estado nos casos previstos neste Capítulo, bem como sobre todos os atos extrajudiciais praticados por Tabeliães, Oficiais de Registros Públicos, de Distribuição e de Protestos de Títulos, das serventias oficializadas ou não" e "ou pelos Serventuários, conforme previsto neste artigo" do *caput* do artigo 112; dos §§ 1º, 2º e 3º desse mesmo artigo 112; do inciso VIII do artigo 114; do artigo 118 e de seus parágrafos; do artigo 123; do artigo 124; do artigo 125 e de seus parágrafos; do artigo 129; dos incisos I e III, e das expressões "ou confessada em pedido já existente" do inciso II, todos do artigo 130; do artigo 133; do artigo 134, *caput* e incisos; todos eles na redação dada pela Lei nº 383, de 4 de dezembro de 1980, do Estado do Rio de Janeiro, a qual alterou a que vinha do Decreto-Lei nº 403, de 28 de dezembro de 1978 e da Lei nº 289, de 5 de dezembro de 1979, que já haviam modificado o Decreto-Lei nº 5, de 15 de março de 1975, do mesmo Estado; e é inconstitucional, por fim, o artigo 3º da própria Lei nº 383, de 4 de dezembro de 1980, acima referida.

ACÓRDÃO

Vistos, relatados e discutidos estes autos, acordam os Ministros do Supremo Tribunal Federal, em Sessão Plenária, na conformidade da Ata do julgamento e das notas taquigráficas, por unanimidade de votos, julgar procedente, em parte, a Representação, declarando-se a inconstitucionalidade das expressões "dos Procuradores do Estado nos casos previstos neste Capítulo, bem sobre todos os atos extrajudiciais praticados por Tabeliães, Oficiais de Registros Públicos, de Distribuição e de Protestos de Títulos, das serventias oficializadas ou não "e" ou pelos Serventuários, conforme previsto neste artigo", do *caput* do artigo 112; dos §§ 1º, 2º e 3º do artigo 112; do inciso VIII do artigo 114 do *caput* do artigo 118 e de todos os seus parágrafos; do artigo 123; do artigo 124; do artigo 125 e de seus incisos; do artigo 129; dos incisos I e III do artigo 130; das expressões "ou confessada em pedido já existente" do inciso II do artigo 130; do artigo 133; do *caput* e dos incisos I, II, III. IV, VI, VII, VIII, IX, XX do artigo 134; todos em dispositivos na redação dada pela lei 383, de 4 de dezembro de 1980, do Estado do Rio de Janeiro, a qual alterou e que vinha do Decreto-lei nº 403, de 28 de dezembro de 1978 e da Lei nº 289, de 5 de dezembro de 1979, que já havia modificado o Decreto-Lei nº 383, de 4 de dezembro de 1980, do Rio de Janeiro.

Brasília-DF, 28 de março de 1984.

Cordeiro Guerra – Presidente
Moreira Alves – Relator

K) NORMA LEGAL. DESTINAÇÃO DE BENEFÍCIO IMPOSSÍVEL EM SITUAÇÃO PESSOAL. FALTA DE RAZOABILIDADE.

19.12.1994 TRIBUNAL PLENO
AÇÃO DIRETA DE INCONSTITUCIONALIDADE
Nº 1.158-8 AMAZONAS
(Medida Liminar)

RELATOR: MINISTRO CELSO DE MELLO
REQUERENTE: PROCURADOR-GERAL DA REPÚBLICA
REQUERIDOS: GOVERNADOR DO ESTADO DO AMAZONAS E ASSEMBLEIA LEGISLATIVA DO ESTADO DO AMAZONAS

EMENTA: AÇÃO DIRETA DE INCONSTITUCIONALIDADE - LEI ESTADUAL QUE CONCEDE GRATIFICAÇÃO DE FÉRIAS (1/3 DA REMUNERAÇÃO) A SERVIDORES INATIVOS - VANTAGEM PECUNIÁRIA IRRAZOÁVEL E DESTITUÍDA DE CAUSA - LIMINAR DEFERIDA.

- A norma legal, que concede a servidor inativo gratificação de férias correspondente a um terço (1/3) do valor da remuneração mensal, ofende o critério da razoabilidade que atua, enquanto projeção concretizadora da cláusula do *substantive due process of law,* como insuperável limitação ao poder normativo do Estado.

Incide o legislador comum em desvio ético-jurídico, quando concede a agentes estatais determinada vantagem pecuniária cuja razão de ser se revela absolutamente destituída de causa.

ACÓRDÃO

Visto, relatados e discutidos estes autos, acordam os Ministros do Supremo Tribunal Federal, em Sessão Plenária, na conformidade da ata de julgamento e das notas taquigráficas, por maioria de votos, em deferir o pedido de medida liminar para suspender, até decisão final da ação, a eficácia do § 2º do art. 9º da Lei nº 1.897, de 05.01.1989, do Estado do Amazonas.

Brasília, 19 de dezembro de 1994.

Octavio Gallotti - Presidente

L. PRINCÍPIO DA RAZOABILIDADE.

Aferição de conhecimento de estudantes.

AÇÃO DIRETA DE INCONSTITUCIONALIDADE Nº 1.511-7 DISTRITO FEDERAL - MEDIDA LIMINAR

RELATOR: MIN. CARLOS VELLOSO
REQUERENTES: PARTIDO COMUNISTA DO BRASIL - PC DO B E OUTROS
ADVOGADO: PAULO MACHADO GUIMARÃES
ADVOGADO: LUIZ ALBERTO DOS SANTOS
ADVOGADO: JONAS DUARTE JOSÉ DA SILVA
ADVOGADOS: ILSON RODRIGUES DUARTE E OUTROS
REQUERIDO: PRESIDENTE DA REPÚBLICA
REQUERIDO: CONGRESSO NACIONAL

EMENTA: CONSTITUCIONAL. ADMINISTRATIVO. UNIVERSIDADE. PROVÃO. Lei 9.131, de 24.11.1995, artigo 3º e parágrafos, CF, art. 5º, LIV; art. 84, IV; art. 207.

I. Avaliação periódica das instituições e dos cursos de nível superior, mediante exames nacionais: Lei nº 9.131/1995, art. 3º e parágrafos. Arguição de inconstitucionalidade de tais dispositivos: alegação de que tais normas são ofensivas ao princípio da razoabilidade, assim ofensivas ao *substantive due process* inscrito no art. 5º, LIV, da CF, à autonomia universitária - CF, art. 207 - e que teria sido ela regulamentada pelo Ministro de Estado, assim com ofensa ao art. 84, IV, CF.

II. Irrelevância da arguição de inconstitucionalidade.

III. Cautelar indeferida.

ACÓRDÃO

Vistos e relatados e discutidos estes autos, acordam os Ministros do Supremo Tribunal Federal, em Sessão Plenária, na conformidade da ata de julgamento e das notas taquigráficas, por maioria de votos, indeferir o pedido de medida liminar, vencidos os Srs. Ministros Ilmar Galvão, Marco Aurélio, Néri da Silveira e Presidente (Min. Sepúlveda Pertence), que o deferiam. Ausente, justificadamente, o Sr. Ministro Francisco Rezek.

Brasília, 16 de outubro de 1969.

Sepúlveda Pertence - Presidente
Carlos Velloso - Relator

M) PRINCÍPIO DA RAZOABILIDADE. DATA DE PAGAMENTO.

AÇÃO DIRETA DE INCONSTITUCIONALIDADE 247-3 RIO DE JANEIRO

RELATOR: MIN. ILMAR GALVÃO
REQUERENTE: GOVERNADOR DO ESTADO DO RIO DE JANEIRO
ADVOGADO: JOSÉ EDUARDO SANTOS NEVES
REQUERIDO: ASSEMBLEIA LEGISLATIVA DO ESTADO DO RIO DE JANEIRO

EMENTA: CONSTITUCIONAL. DISPOSITIVO DA CONSTITUIÇÃO DO ESTADO DO RIO DE JANEIRO QUE FIXA DATA PARA O PAGAMENTO DOS SERVIDORES DO ESTADO - ATÉ DÉCIMO DIA ÚTIL DE CADA MÊS - INCONSTITUCIONALIDADE CONTIDA NO ART. 5º, LIV, DA CONSTITUIÇÃO FEDERAL. PROCEDÊNCIA DA AÇÃO.

ACÓRDÃO

Vistos, relatados e discutidos estes autos, acordam os Ministros do Supremo Tribunal Federal, em Sessão Plenária, à unanimidade, na conformidade da ata de Julgamento e das notas taquigráficas, julgar procedente o pedido formulado na inicial para declarar a inconstitucionalidade do § 3ºdo artigo 82 da Constituição do Estado do Rio de Janeiro.

Brasília, 17 de junho de 2002.

Marco Aurélio - Presidente
Nelson Jobim - Relator para o Acórdão
(RISTF, art. 38, IV, *b*)

N) APLICAÇÃO DE REGRAS INTERTEMPORAIS NA IMPLEMENTAÇÃO DE SITUAÇÃO JURÍDICA. RAZOABILIDADE DA SOLUÇÃO.

AÇÃO DIRETA DE INCONSTITUCIONALIDADE 2.209-1 PIAUÍ

RELATOR: MIN. MAURÍCIO CORRÊA
REQUERENTE: PARTIDO DOS TRABALHADORES – PT
ADVOGADOS: ALBERTO MOREIRA RODRIGUES E OUTRO
REQUERIDA: ASSEMBLEIA LEGISLATIVA DO ESTADO DO PIAUÍ
ADVOGADOS: FRANCISCO CLÁUDIO DE ALMEIDA SANTOS E OUTROS

EMENTA: AÇÃO DIRETA DE INCONSTITUCIONALIDADE. CRITÉRIO DE ESCOLHA DOS CONSELHEIROS DO TRIBUNAL DE CONTAS PIAUIENSE (CONSTITUIÇÃO DO ESTADO DO PIAUÍ, ARTIGO 88, § 2º, INCISO I, ALÍNEAS a, b e c). OFENSA AOS ARTIGOS 73, § 2º, E 75, DA CONSTITUIÇÃO FEDERAL. EMENDA CONSTITUCIONAL ESTATUAL 11/2000 EDITADA PARA ADEQUAR A CONSTITUIÇÃO ESTADUAL À CARTA DA REPÚBLICA. INTERPRETAÇÃO CONFORME PRECEDENTES.

1. Confirmação da medida cautelar. Interpretação conforme a Constituição Federal, sem redução do texto, uma vez que o Tribunal de Contas local tem composição mista, contando com conselheiros nomeados segundo as ordens constitucionais anterior e atual.

2. Aplicação do princípio da razoabilidade para que, no campo do direito intertemporal, a atual composição da Corte de Contas possa adequar-se gradativamente ao parâmetro federal.

3. Havendo vaga no Tribunal de Contas do Estado, a escolha do primeiro conselheiro deverá recair, em relação à previsão contida nas alíneas "b" e "c" do inciso I do § 2º do artigo 88 da Constituição do Estado do Piauí, primeiramente sobre a vaga de auditor.

4. Com fundamento no inciso I do § 2º, do artigo 88 da Carta Federal, as listas tríplices devem obedecer, alternadamente, aos critérios de antiguidade e merecimento.

Ação direta de inconstitucionalidade julgada procedente em parte.

O) PRINCÍPIO DA RAZOABILIDADE. ATIVIDADE DA ADVOCACIA.

03.08.1994 TRIBUNAL PLENO
AÇÃO DIRETA DE INCONSTITUCIONALIDADE Nº 1.105-7 DISTRITO FEDERAL
(Medida Liminar)
REQUERENTE: PROCURADOR-GERAL DA REPÚBLICA
REQUERIDOS: PRESIDENTE DA REPÚBLICA E CONGRESSO NACIONAL

EMENTA: AÇÃO DIRETA DE INCONSTITUCIONALIDADE. Inciso IX, do art. 7º, da Lei nº 8.906/1994 (Estatuto da Advocacia e da Ordem dos Advogados do Brasil), que pospõe a sustentação oral do advogado ao voto do relator. Liminar.

Os antigos regimentos lusitanos se não confundem com os regimentos internos dos tribunais; de comum eles têm apenas o nome. Aqueles eram variantes legislativas da monarquia absoluta, enquanto estes resultam do fato da elevação do Judiciário a Poder do Estado e encontram no Direito Constitucional seu fundamento e previsão expressa.

O ato do julgamento é o momento culminante da ação jurisdicional do Poder Judiciário e há de ser regulado em seu regimento interno, com exclusão de interferência dos demais Poderes.

A questão está em saber se o legislador se conteve nos limites que a Constituição lhe traçou ou se o Judiciário se manteve nas raias por ele traçadas, para resguardo de sua autonomia. Necessidade do exame em face do caso concreto.

A lei que interferisse na ordem do julgamento violaria a independência do Judiciário e sua consequente autonomia.

Aos tribunais compete elaborar seus regimentos internos, e neles dispor acerca de seu funcionamento e da ordem de seus serviços. Esta atribuição constitucional decorre de sua independência em relação aos Poderes Legislativo e Executivo.

Esse poder, já exercido sob a Constituição de 1891, tornou-se expresso na Constituição de 34, e então vem sendo reafirmado, a despeito dos sucessivos distúrbios institucionais.

A Constituição subtraiu ao legislador a competência para dispor sobre a economia dos tribunais e a estes imputou, em caráter exclusivo.

Em relação à economia interna dos tribunais a lei é o seu regimento.

O regimento interno dos tribunais é lei material. Na taxinomia das normas jurídicas, o regimento interno dos tribunais se equipara à lei. A prevalência de uma ou de outro depende de matéria regulada, pois são normas de igual categoria. Em matéria processual prevalece a lei, no que tange ao funcionamento dos tribunais o regimento interno prepondera.

Constituição, arts. 5º, LIV e LV, e 96, I, *a*.

Relevância jurídica da questão: precedente do STF e resolução do Senado Federal.

Razoabilidade da suspensão cautelar de norma que alterou a ordem dos julgamentos, que é deferida até o julgamento da ação direta.

ACÓRDÃO

Vistos, relatados e discutidos estes autos, acordam os Ministros do Supremo Tribunal Federal, em sessão plenária, por maioria de votos e na conformidade da ata do julgamento e das notas taquigráficas, deferir o pedido de medida liminar para suspender, até decisão final da ação, a eficácia do inciso IX do art. 7º, da Lei nº 8.906, de 04.07.1994, vencidos os Ministros Marco Aurélio e Sepúlveda Pertence, que o indeferiram.

Brasília, 03 de agosto de 1994.

Octávio Gallotti – Presidente
Paulo Brossard – Relator

P) TRIBUTÁRIO – DIREITO DE DEFESA DO CONTRIBUINTE. OBEDIÊNCIA AO DEVIDO PROCESSO LEGAL.

Decisão do extinto Tribunal Federal de Recursos em 1981.

Jurisprudência do TFR

Origem
Tribunal: TFR – Acordão RIP: 03162052 Decisão: 1º.06.1981
PROC: AMS 0087.679, UF: MA, Turma: 04, AUD.: 19.06.1981
Apelação em mandado de segurança
DJ DATA: 25.06.1981, vol.: 00002-01, p. 87.
Rel. Min. Carlos Mario Velloso

Decisão
Por unanimidade, negar provimento a apelação.
RIP-3162052.
EJ V2-T1-087

EMENTA: Processual tributário. Lançamento. Impugnação. Fase litigiosa. Conselho de contribuintes. Direito de defesa. *Due process of law*. Decreto nº 70.235/1972.

I. A impugnação da exigência do crédito tributário (Decreto nº 70.235/72, art. 9º.) e que instaura a fase litigiosa do procedimento (Decreto nº 70.235/1972, art. 14). Tal impugnação deve ser apresentada no prazo de 30 (trinta) dias (Decreto nº 70.235/1972, art. 15). Se isto não ocorre, não há litígio administrativo. Nessa circunstância, não assiste ao Contribuinte o direito de reabrir a questão, no seu aspecto de mérito, no Conselho de Contribuintes, já que este só se manifesta como órgão revisor das decisões de 1ª instância administrativa (Decreto nº 70.235/1972, arts. 24 a 25 e 27 a 33).

II. Se a lei, assegurando a possibilidade de defesa, o faz com o estabelecimento de prazo dentro do qual a defesa será apresentada, e se o Contribuinte dessa possibilidade não se aproveita, a tempo e modo, tal como estabelecido na lei, atendida estará a cláusula do *due process of law*, que a Constituição consagra.

III. Recurso desprovido.

Indexação
Mercadoria importada, desembaraço aduaneiro, débito fiscal, lançamento, cerceamento de defesa, rejeição.

Referências Legislativas
Leg. Fed. Dec.: 70.235, Ano: 1972, art. 14 e art. 15

Catálogo
RA0490 Débito Fiscal, dívida inscrita.

17

ÍNDICE DA JURISPRUDÊNCIA DESTACADA SOBRE DEVIDO PROCESSO LEGAL

a. Tributário. Taxa. Proporcionalidade.

b. Exercício profissional. Limitação. Não razoabilidade.

c. Exercício profissional. Requisitos exagerados.

d. Tributário. Taxa. Proporcionalidade.

e. Atividade Privada. Exclusão de sócio.

f. Sociedade civil. Exclusão de sócio.

g. Verificação de estado. Exame de DNA.

h. Processo legislativo. Razoabilidade e proporcionalidade.

i. Atividade empresarial. Saúde pública. Limites do Estado.

j. Tributário. Taxa judiciária. Excesso.

k. Norma legal. Benefício em situação pessoal. Falta de razoabilidade.

l. Aferição de conhecimento de estudantes. Razoabilidade.

m. Fixação de data de pagamento de servidores. Razoabilidade.

n. Aplicação de regras intertemporais. Razoabilidade.

o. Atividade da advocacia. Razoabilidade.

p. Tributário. Direito de defesa do contribuinte.

18

BIBLIOGRAFIA BRASILEIRA SOBRE DEVIDO PROCESSO LEGAL

BRAGA, Paula Sarno. *Aplicação do devido processo legal nas relações privadas*. Salvador: JusPodivm.

BUENO, Vera Scarpinella. *Devido processo legal na administração pública*, São Paulo: Ed. Max Limonad.

CASTRO, Carlos Roberto Siqueira. *O devido processo legal e os princípios da razoabilidade e da proporcionalidade*. 3ª ed. Rio de Janeiro: Forense, 2005.

DANTAS, F.C. San Tiago. *Igualdade perante lei e due process of law, problemas de direito positivo*. Rio de Janeiro: Forense, 1953.

DIAS, Jean Carlos. *O devido processo legal*, Rio de Janeiro: Método, 2010.

DÓRIA, Antonio Roberto Sampaio. *Direito constitucional tributário e due process of law*, Rio de Janeiro: Forense, 1986.

FERREIRA, Marco Aurélio Gonçalves. *O devido processo legal*: um estudo comparado. Rio de Janeiro: Lumen Juris, 2004.

LIMA, Maria Rosynete Oliveira. *Devido processo legal*. Rio de Janeiro: Sergio Fabris, 1999.

MARTEL, Letícia de Campos Velho. *Devido processo legal substantivo*. Rio de Janeiro: Lumen Juris, 2005.

NOGUEIRA, Alberto. *O devido processo legal tributário*. Rio de Janeiro: Renovar.

PEREIRA, Ruitemberg Nunes. *O princípio do devido processo legal substantivo*. Rio de Janeiro: Renovar, 2005.

SILVEIRA, Paulo Fernando. *Devido processo legal*, 3ª ed. Belo Horizonte: Del Rey, 2001.

THEODORO JUNIOR, Humberto. *A execução de sentença e a garantia do devido processo legal*. Rio de Janeiro: Forense, 1987.

TUCCI, Rogerio Lauria. *Devido processo legal e tutela jurisprudencial*. São Paulo: RT, 1993.